기후위기와 ESG
ESG 평가 어떻게 할 것인가

THE CLIMATE CRISIS & ESG

2016년 황사 발원지인 중국 내몽고 차깐노르를 방문해 중국발 황사를 막아줄 식생복원사업에 참여했다.
기후변화와 유목생활의 변화, 과도한 개발로 광활한 초원은 사막으로 변했다.
우리는 풀씨가 바람에 날아가지 않도록 나뭇가지를 바닥에 고정하는 사방사업을 진행했다.

THE CLIMATE CRISIS & ESG
기후위기와 ESG
ESG 평가 어떻게 할 것인가

이세걸 지음

리딩라이프북스 Leading Life Books

목 차

추천사	손성진 단국대학교 경영경제대학 회계학 교수	10
	장준영 전 한국환경공단 이사장	14
이 책을 펴내며		18

제1장   기후위기의 경고

1. 하나뿐인 지구를 위한 국제사회의 노력   25
2. 인류와 미래사회를 위협하는 기후위기   29
3. 기후위기에 대응하는 기후금융   34
4. 기후변화와 재생에너지   40
5. 기업의 가치는 기후변화 정보가 결정한다   44
6. 생물다양성 감소와 생태계 파괴   47

제2장   거꾸로 가는 기후정책

1. 늘어만 가는 기후소송   55
2. 재생에너지 정책의 후퇴   58
3. 탈(脫)플라스틱 사회에서 멀어져 가는 한국   63

제3장   세계의 기후정책

1. 지구온난화를 막기 위한 기후변화협약과 교토의정서   69
2. 지구 평균 기온 1.5℃제한 신(新)기후체제 파리협정   73
3. 석탄발전 단계적 감축을 선언한 글래스고 기후합의   77
4. 글로벌 공급망 관리와 기후장벽   79
5. 앞서가는 유럽의 기후정책   82
6. 탄소중립산업과 보호무역주의   88

제4장   정보공시를 촉진하는 이니셔티브

1. 기후변화 이니셔티브   93
2. 지속가능성 이니셔티브   98
3. 금융 이니셔티브   100

제5장 ESG에 대한 이해

1. ESG는 미래사회에 대한 새로운 기회 　107
2. 기후위기시대, 환경(E)은 생명이다 　114
3. 사회적 다양성으로 기업의 사회적 책임(S)은 늘고 있다 　118
4. 지배구조(G)는 친환경 경영과 사회책임 경영의 버팀목이다 　124

제6장 지속가능성과 ESG

1. 지속가능성과 지속가능한 발전 　131
2. 사회적 책임(CSR)과 ESG(환경·사회·지배구조) 　136
3. UN 글로벌콤팩트(UNGC)와 책임투자원칙(PRI) 　139
4. 기관투자자 청지기, 스튜어드십 코드(Stewardship Code, SC) 　143

제7장 ESG 평가를 위한 기준들

1. 한국ESG기준원 모범규준 　151
2. 산업통상자원부 K-ESG 가이드라인 　156
3. 금융위원회 기업공시제도 　159
4. 공급망 이슈에 접근하는 ESG 이니셔티브 　161
5. 글로벌 지속가능성 정보공시 　163

제8장 ESG 리스크와 이슈

1. ESG 평가의 객관성 논란 　169
2. ESG 본질을 왜곡하는 워싱 　172

제9장 공공기관 ESG경영

1. 공공기관 ESG경영의 현재와 미래 　179
2. 공공기관 사회적 책임에 대한 평가 　189

참고문헌 　202

기후위기와 지속가능성

손성진

단국대학교 경영경제대학 회계학 교수

오늘날의 기후위기는 백악기 공룡들이 소행성 충돌로 멸망했던 순간을 떠올리게 한다. 그 시절 지구는 전 지구적 기상이변에 직면했듯이, 현재 우리는 인간의 활동으로 인한 기후변화라는 새로운 위기에 직면해 있다. 빙하기 동안의 극단적인 기온 변화와 기상이변은 인간이 통제할 수 없는 자연의 힘이었다. 그러나 오늘날 우리는 화석연료 사용, 삼림벌채, 산업 활동 등 우리의 행동이 기후변화를 유발한다는 사실을 알고 있으며, 이를 통제하고 변화시킬 수 있는 책임과 능력을 갖추어야 한다.

이 책, 『기후위기와 ESG』는 기후변화와 ESG(Environmental, Social, Governance)라는 두 가지 주제를 통합적으로 다룬다. 저자 이세걸 소장은 기후변화와 에너지 문제를 깊이 연구해 온 학자이자 실천가로, 기후변화의 과학적 매커니즘과 정책적 대응은 물론 공공기관의 ESG 경영에 대한 깊은 이해를 바탕으로, 환경·사회·경제적 요소의 상호작용을 통합적으로 탐구하고 있다.

책의 첫 부분에서는 기후위기의 심각성과 국제사회의 대응을 강조한다. 지구 평균기온 상승이 인류와 생태계에 미치는 영향이 단순한 환경 문제가 아닌 생존의 문제임을 설명하며, 유엔 기후변화협약(UNFCCC), 파리협정, 글래스고 기후합의 등의 국제적 노력을 소개한다. 이를 통해 기후변화 대응의 긴급성과 중요성을 일깨운다.

다음으로 ESG의 중요성을 부각시키며, 환경적 책임, 사회적 책임, 투명한 지배구조가 기업의 지속 가능성을 보장하는 필수 요소로 자리 잡았음을 설명한다. 경제적 이익만을 추구하던 시대는 지나갔으며, 사회적 책임과 환경적 책임을 다하는 기업만이 신뢰를 얻고 지속 가능한 성장을 이룰 수 있다고 주장한다.

책은 또한 ESG 평가를 위한 다양한 기준과 이니셔티브를 소개하며, 글로벌 기준과 한국의 K-ESG 가이드라인도 다룬다. ESG 워싱과 같은 부작용에 대한 경고와 진정성 있는 ESG경영의 중요성도 강조한다. 특히 공공기관의 ESG경영 논의는 시의적절하며, 중앙정부와 지방자치단체, 공공기관이 ESG경영을 실천함으로써 사회 전체의 지속 가능성을 높이려는 노력을 보여준다.

기후위기와 ESG는 서로 연결된 주제이다. 기후위기로 인한 사회적, 경제적 변화와 ESG의 역할을 잘 설명함으로써, 독자들은 이 두 주제를 종합적으로 이해하고 실천 가능한 방안을 얻을 수 있다. 인류는 기후위기라는 중대한 도전에 직면해 있으며, 강력한 연대와 사랑이 필요하다. 예수님의 사랑이 인류의 구원을 위한 희생을 상징했다면, 오늘날 우리는 지구를 구하기 위한 실질적인 희생이 필요하다. 부처님의 자비가 모든 생명체를 포용하듯이, 우리는 지구와 모든 생명체를 보호해야 한다. 공자의 인(仁)은 타인에 대한 깊은 이해와 배려를 통해 조화를 이루고자 했다. 마찬가지로 우리는 지구와의 조화를 이루기 위해 꾸준히 노력해야 한다. 어머니의 사랑은 가장 가까운 곳에서 실천할 수 있는 사랑의 상징이다. 환경 보호도 일상에서부터 시작되어야 하며, 각자의 작은 실천이 큰 변화를 이끌어낼 수 있다. 종교와 철학을 넘어, 지역과 인종을 초월하여 인류가 서로의 사랑과 책임을 통해 더 나은 미래를 만들어가는 것이 중요하다. 이 연대와 사랑의 힘이 우리의 지속 가능한 미래를 여는 열쇠가 될 것이다.

기후위기시대, 한국사회가 지속가능하려면

장준영
전 한국환경공단 이사장

인류는 환경을 덤으로 간주하던 시대에서 점점 더 환경을 우선으로 내세우는 시대로 바뀌는 대전환기를 맞고 있다. 기후위기가 그것을 잘 설명해 주고 있다. 기후위기는 국제사회가 당면해서 해결해야 할 최우선 과제로 인식할 만큼 우리산업 전반에 영향을 미치고 있다. 기후변화문제를 해결하지 않으면 미래는 지속가능할 수 없다.

기후위기에 대해 과학자들은 인간이 대처할 수 있는 시간이 얼마 남지 않았다고 얘기한다. 지구기온상승이 예상보다 빠르다는 것이다. 지금 우리가 목표로 삼고 있는 것이 국제사회가 파리협정에서 약속한 산업화이전 대비 1.5도 상승을 막자는 것인데 과거에는 상승시기를 2050년으로 봤다면 기후변화가 점점 가속화되면서 지금은 2040년 이전에 1.5도를 넘을 것으로 전망한다. 그래서 향후 10년의 기후행동이 온난화 제한을 결정한다는 얘기들이 나오고 있다.

우리가 기후위기를 극복하기 위해서는 우리 산업전반에 탄소를 덜 배출하는 사회 경제적인 시스템을 구축하는 것이 필요하다. 그것이 곧 지속가능한 사회이다. 그런 면에서 자원이 순환되는 사회는 중요한 의미를 갖고 있다. 우리사회를 지속가능하게 하는 훌륭한 대안이다.

대표적으로 탈(脫)플라스틱 사회는 현대 문명수준의 척도가 될 만큼 국제사회의 큰 흐름이 되고 있다. 우리도 탄소를 많이 배출하는 플라스틱 생산을 규제해야 한다. 한편에서는 제품 생산과정에서 폐기물 발생을 억제하기 위해 기술을 개발하고 공정을 개선하는 자원순환을 선도하는 기업에 대해서는 격려해주고 적극적으로 지원하는 사회, 경제시스템을 만들어야 한다.

앞으로 공공의 역할이 더욱 중요하다. 공공기관이 선도적으로 준법윤리경영과 인권존중경영을 실천하면서 환경을 좀 더 생각하고 사회적 가치를 충실히 구현한다면 사회는 더욱 건강해지고 지속가능하게 유지될 것이다.

이세걸 소장은 오랫동안 기후·에너지문제를 다루는 환경분야 대표적인 전문가로 활동해 왔다. NGO활동가에서 공직자의 삶까지 관련 이슈를 찾아 현장을 다니고 꾸준히 공부하면서 우리사회 지속가능성에 대해 늘 고민하고 실천해왔다. 최근까지 공공기관에서 일한 이 소장이 책을 펴냈다는 소식을 듣고 무척 반가웠다.

이 책은 기후위기의 실상과 영향들, 기후위기 극복을 위한 국제사회 동향과 국내환경의 현실 그리고 해법을 깊이 있고 폭넓게 다루면서 지속가능성을 위한 세 가지 요소로 친환경(Environmental), 사회적 책임(Social), 거버넌스(Governance-협치)가 왜 중요한 지 설득력 있게 서술하고 있다. 점점 더 심해지는 국제사회 ESG 관련규범을 우리가 어떻게 준비하고 맞이해야 하는지 소상히 알려줌으로써 기후위기시대를 살아가는 우리의 역할을 돌아보게 한다. 기후위기시대, 기후변화문제와 ESG를 제대로 알고 싶은 모든 분들에게 일독을 권한다.

우려가 현실이 되어버린 기후위기시대 생명이 위태롭다

이미 오래전 기후변화문제는 인류 공통의 문제로 인식되어 왔다. 1992년 6월 브라질 리우에서 채택된 유엔기후변화협약(UNFCCC)은 기후변화를 자연적 기상현상에 추가해 일어나는 인간 활동에 직·간접적으로 기인하는 기후의 변화로 정의하고, 온실가스를 원인물질로 지목했다. 그로부터 한 세대가 지났지만 여전히 기후는 변하고 있고 그 정도는 심각해졌다. 지구 평균기온 상승을 억제해야 한다는 얘기는 지구가 적정온도를 초과해 심한 몸살을 앓고 있다는 것을 의미한다. 우리 몸이 정상체온을 초과하면 열이 나고 심하면 생명이 위험하듯 지구도 적정온도를 초과하면 생물자원이 감소하면서 생태계 파괴가 가속화되고 인류의 지속가능성을 위협한다. 이러한 전 지구적 위기 상황에 대비해 2015년 12월 12일 파리협정은 지구평균기온 상한선을 산업화 이전과 비교해 2℃보다 현저히 낮은 수준으로 유지하는 것을 목표로 기온 상승을 1.5℃로 제한하기 위해 노력한다는 목표도 설정했다. 이를 초과하면 해수면 상승으로 작은 섬나라부터 침수되는 재앙이 닥친다. 올해 세계기상기구(WMO) 기후모니터링에 따르면 2024년 7월 22일, 일일 지구 평균기온은 유럽연합 코페르니쿠스 기후변화 서비스(C3C)에서 17.16℃로 역사상 최고기록을 달성했다. 7월 23일은 17.15℃, 7월 21일은 17.09℃로 3일 모두 지난해 7월 6일에 세운 종전기록인 17.08℃보다 따뜻했다. 이 보고서는 폭염의 규모, 강도, 빈도, 지속기간이 급격히 증가해 점점 더 경제를 파괴하고, 불평등을 확대하고, 지속가능성을 약화시키고, 사망자를 늘리고 있다고 경고하고 있다.

지속가능한 내일을 위한 ESG경영과 투자

E(environmental), S(social), G(governance)는 환경·사회·지배구조(거버넌스)를 의미한다. 미래사회 지속가능성을 위한 핵심 키워드로 등장했다. 2004년 금융권이 ESG 세 가지 요소를 변화하는 세상에 큰 도전이자 기회로 보기 시작하면서 ESG는 지속가능성의 기준이 되었다. 매출이나 영업이익을 따졌던 과거 재무제표 중심의 투자는 미래 불확실성에 대한 잠재적 리스크가 존재하고 ESG 요소에 기반한 기업의 철학과 가치에 대한 투자가 기업의 지속가능한 이익을 보장한다는 것이다. 기업은 자신의 경제적 이익만을 추구해서는 생존할 수 없다. 기업 시민이란 말이 있듯이 기업은 시민과 동등하게 사회적 책임과 의무를 다해야 지속가능하다. 사회, 환경적인 변화에 맞춰 ESG 각 영역에서 구체적으로 그 책임을 다해야 투자자와 소비자가 신뢰하는 기업으로 성장, 발전할 수 있다.

시대가 변하면서 공정에 대한 인식이 과거와는 다르다. 워싱(Washing) 기업에 대한 소송과 소비자 불매운동, 여성과 노조의 이사회 참여 확대, 공급망 실사의 강화, 공시항목의 확대 등 ESG는 시대 흐름을 반영한 우리 사회 지속가능성을 위한 강화된 인식의 반영이다. 세계 최대 자산운용사 블랙록의 CEO 래리핑크가 지속가능성을 강조하면서 석탄발전으로 수익을 올리는 기업에 투자하지 않겠다고 선언한 것도 같은 맥락이다. 기업의 입장에서도 ESG경영은 투자유치를 위한 핵심전략이자 수익창출을 위한 새로운 기회요소이다.

ESG가 규범화 되면서 논쟁도 뜨겁다

전 세계적으로 ESG경영을 평가하는 이니셔티브에 금융권 등 투자그룹이 늘면서 기업공시가 강화되고 있다. ESG에 국한되지 않고 인권경영의 공시, 생물다양성 이행전략 등 기업이 사회적으로 따라야 할 규범들이 늘면서 그 책임도 확대되고 있다. 이러한 현상은 더 이상 기업이 당장의 재무적 성과만을 따져서는 지속가능할 수 없다는 것을 의미한다. ESG를 기업의 재무적 성과에 영향을 미치는 비재무적인 요소로 정의하는 것도 같은 맥락이다.

ESG가 기업이 따라야 할 규범으로 인식되면서 이에 대한 부작용도 확산되고 있다. ESG 워싱(Washing)과 안티(Anti) ESG가 대표적이다. ESG 워싱은 실제로는 ESG를 하지 않으면서 마치 열심히 하는 것처럼 속이는 것을 말한다. 기업이 친환경상품을 생산하는 것처럼, 사회적 책임을 다하는 것처럼, 윤리경영을 하는 것처럼 홍보하고 선전한다. '그린(환경)을 세탁한다(위장한다)'는 그린워싱(GreenWashing)은 더욱 보편화되고 사회적으로 문제가 되고 있다. 안티 ESG는 ESG를 반대하는 것이다. 미국 공화당을 중심으로 ESG를 반대하는 법안들이 생겨나고 있다. 여기에는 ESG를 반대하는 자산운용사나 기업들이 밀접히 관련되어 있다. 이들은 ESG가 경제문제 해결이나 기업의 이익 창출에 효과적이지 않다는 것을 주된 이유로 내세우고 있다. ESG 시대는 워싱(Washing)과 안티(Anti)라는 신조어를 만들면서 관련소송이 늘고 법과 제도적인 측면으로 사회적 논의와 갈등이 확산되고 있다. 한편으로는 ESG이슈가 민간만이 아니라 공공영역으로 확산되고 있다. 중앙정부와 자치단체, 공공기관에 이르기까지 ESG경영을 평가하는 기준이 생겨나고 이행 여부를 평가한다.

이 책은 기후위기와 ESG 이슈를 다루면서 우리 사회 지속가능성에 대한 이해를 돕고자 한다. 글의 구성은 크게 기후위기와 ESG를 다루고 있지만, 상호관련성을 갖고 기술하고 있다. 기후위기로 나타나는 사회·경제적인 현상과 ESG의 관계, 그리고 관련된 이슈와 과제를 서로 연관성을 갖고 함께 설명하고 있다. 이 책을 집필하면서 우리 사회가 보다 더 안전하고 건강한 지속가능한 사회가 되길 기대해 본다.

2024년 8월 녹번동에서
이세걸

제1장
기후위기의 경고

1. 하나뿐인 지구를 위한 국제사회의 노력

지구환경문제가 국제적으로 논의되기 시작한 것은 1972년 6월 5일이다. 지구 환경을 위한 최초의 국제회의로 알려진 스톡홀름 회의는 이날 하나뿐인 지구를 위해 선언문[1]을 채택하고 인간환경의 보존과 개선을 위한 세계 공통의 전망과 26가지 원칙을 발표했다. 회의가 열린 6월 5일은 세계 환경의 날로 지정해 지금까지 세계 곳곳에서 그날을 기념한 인류 공통의 행사가 열리고 있다.

이듬해인 1973년에는 UN 산하에 유엔환경계획(UNEP), 1983년에는 UNEP 산하에 세계환경개발위원회(World Commission on Environment and Development, WCED)가 설립되었다. WCED가 1987년 발간한 '우리 공동의 미래'[2]는 역사적으로 유명한 지속가능한 발전이란 용어를 처음 사용했다. 이후 1992년 브라질 리우에서 열린 유엔환경개발회의(UNCED)에서 지구환경문제 해결과 지속 가능한 발전을 위한 리우선언, 구체적인 이행을 위한 의제 21이 채택되고, 기후변화협약(UNFCCC)과 생물다양성협약, 사막화방지협약이 체결되었다. UNFCCC는 1997년 12월 교토의정서와 2015년 12월 파리협정, 2021년 11월 글래스고 기후 합의를 통해 국제적으로 기후위기 극복을 위한 온실가스감축 등 공통의 과제와 실행력을 갖게 되었다.

한편 지속가능한 발전은 2002년 9월 요하네스버그에서 열린 지속가능발전 세계정상회의(World Summit on Sustainable Development, WSSD)를 통해 국제사회 패러다임으로 재확인되고, 2015년 9월 유엔총회에서 17개의 지속 가능한 발전 목표(Sustainable Development

---

1) 인간환경회의선언(Declaration of the United Nations Conference on the Human Environment)
2) 세계환경개발위원회 위원장이던 노르웨이 총리 할렘 브룬트란트(Harlem Brundtland) 이름을 따서 브룬트란트 보고서라고도 한다.

Goals, SDGs)를 채택하면서 구체화 되었다. 이 목표는 사회, 경제, 환경, 평화 영역으로 세분화되어[3] ESG 관점에서 주요한 흐름으로 이해되고 있다. 지난 50년간 국제사회의 하나뿐인 지구를 위한 노력은 뜨거워진 지구의 온도를 식히기 위해 환경적 요인 즉 기후위기를 미래사회의 주요한 위험요인으로 설정하고 문제 해결을 위해 달려왔다. 오늘날 기후위기는 당면한 가장 큰 위기이며 국제사회가 함께 해결해야 할 과제이다.

UN 지속가능발전목표와 ESG 이슈

유엔 지속가능발전 정상회의에서 채택한 유엔 지속가능발전목표(UN Sustainable Development Goals, SDGs)는 새천년개발목표(Millenium Development Goals, MDGs)의 후속의제이다. 새천년개발목표는 2000년부터 2015년까지 개발도상국을 중심으로 한 목표로 극심한 빈곤, 교육, 건강 등과 관련한 8개 목표와 21개 세부 목표로 구성되어 있다. 이 목표를 이행함으로써 개발도상국의 빈곤율이 1990년 대비 2015년 47%에서 14%로 개선되었다고 알려진 바 있다. 지속가능발전목표는 선진국을 비롯한 모든 국가의 보편적인 주제로 대상을 확대했고 전 지구적 목표인 지속가능한 발전을 목표로 한다. 오늘날 ESG 관점에서 적용하면 사회(S)는 1~11번, 환경(E)은 12~15번, 지배구조(G)는 16~17번이 해당한다.

---

3) 목표 1~6(사회영역), 7~12(경제영역), 13~15(환경영역), 16~17(평화영역)

	MDGs: 2000~2015년	SDGs: 2016~2030년
1	Eradicate extreme Poverty and hunger 극심한 빈곤과 기아 퇴치	No poverty 빈곤 퇴치
2	Achieve universal primary education 보편적 초등교육 달성	Zero Hunger 기아 종식
3	Promote gender equality and empower women 성 평등 촉진 및 여성 역량강화	Good health and Well-being 건강과 웰빙
4	Reduce child mortality 아동 사망률 감소	Quality education 양질의 교육
5	Improve maternal health 모성 건강 개선	Gender equality 성 평등
6	Combat hiv/aids, Malaria and other diseases 에이즈, 말라리아 및 기타 질병 퇴치	Clean water and Sanitation 깨끗한 물과 위생
7	Ensure environmental sustainability 지속가능한 환경 보장	Affordable and Clean energy 저렴하고 깨끗한 에너지
8	Global partnership for development 발전을 위한 글로벌 파트너십	Decent work and Economic growth 양질의 일자리와 경제성장
9		Industry innovation and Infrastructure 산업혁신 및 인프라
10		Reduced inequalities 불평등 완화
11		Sustainable cities and Communities 지속가능한 도시 및 커뮤티티
12		Responsible consumption and Production 책임감 있는 소비 및 생산
13		Climate action 기후 행동
14		Life below water 해양 생태계
15		Life on land 육상 생태계
16		Peace, Justice and Strong institutions 평화, 정의 및 강력한 제도
17		Partnerships for the goals 목표를 위한 파트너십

출처: Welcome to the United Nation Sustainable Development (UN 홈페이지)

Our Common Future
From One Earth to One World
From A/42/427. Our Common Future: Report of the World Commission on Environment and Development

우리 공동의 미래
하나의 지구에서 하나의 세계로
From A/42/427. 우리 공동의 미래: 세계 환경 및 개발 위원회 보고서

I장. The Global Challenge (글로벌 도전)
3절. Sustainable Development (지속가능한 발전)
27항. Humanity has the ability to make development sustainable to ensure that it meets the needs of the present without compromising the ability of future generations to meet their own needs (인류는 미래 세대가 자신의 필요를 충족시킬 수 있는 능력을 손상시키지 않으면서 현재의 필요를 충족시킬 수 있도록 발전을 지속가능하게 만들 수 있는 능력을 가지고 있다)

2. 인류와 미래사회를 위협하는 기후위기

세계경제포럼(World Economic Forum, WEF) 글로벌 리스크 보고서 2024[4])에 따르면, 장단기 글로벌 10대 리스크에 기후위기 등 환경 분야가 심각한 위험요인으로 분석되었다. 향후 2년간 단기 리스크 요인으로는 극심한 기상이변(2위)과 공해(10위)가 순위에 올랐고, 향후 10년간 장기 리스크 요인으로는 극심한 기상이변(1위), 지구 시스템의 중대한 변화(2위), 생물 다양성 감소와 생태계 파괴(3위), 천연자원 부족(4위), 공해(10위) 등이 순위에 올랐다. 특히, 기상이변을 포함한 환경 분야가 1~4위에 올랐다는 것은 그만큼 이 분야에 대한 부정적인 리스크가 크다는 것을 의미하고 기후위기와 관련성이 높다. 이 중에서 기상이변(Extreme weather events)은 응답자의 66%가 세계적으로 가장 심각한 위기요인으로 꼽았다. 지난해의 경우 단기 리스크 요인으로는 자연재해 및 극단적 기상 현황(2위), 기후변화 완화 실패(4위), 대규모 환경피해(6위), 기후변화 적응 실패(7위), 천연자원 위기(9위) 순이었고, 장기 리스크 요인으로는 기후변화 완화 실패(1위), 기후변화 적응 실패(2위), 자연재해 및 극단적 기상 현황(3위), 생물다양성 손실 및 생태계 파괴(4위), 천연자원 위기(6위), 대규모 환경파괴(10위) 순이었다. 결과적으로 향후 10년간 전 세계를 위협할 최대 리스크는 기상이변과 기후변화, 환경과 관련된 위험요인인 것으로 분석되었다. 금융기관들은 ESG 이슈로 기후위기를 가장 심각한 위험요인이자 기회요인으로 분석하고 있다.

---

4) 세계경제포럼(World Economic Forum, WEF)은 매해 전 세계 경제, 환경, 사회, 기술, 지정학 등 5개 분야에 부정적 영향을 미치는 주요 위험요인을 예측, 평가 발표하고 있다. 정부, 기업, 학계, 국제사회, 시민사회 등 각 분야 전문가를 대상으로 한 글로벌 리스크 인식조사이며 2024년은 19번째 연례 보고서이다.

	2 years	10 years
1st	Misinformation and disinformation 잘못된 정보 및 허위정보	Extreme weather events 기상이변
2nd	Extreme weather events 극심한 기상이변	Critical change to Earth systems 지구 시스템의 중대한 변화
3st	Societal polarization 사회 양극화	Biodiversity loss and ecosystem collapse 생물다양성 손실 및 생태계 파괴
4st	Cyber insecurity 사이버 불안	Natural resource shortages 천연자원 부족
5st	Interstate armed conflict 국가 간 무력 충돌	Misinformation and disinformation 잘못된 정보 및 허위정보
6st	Lack of economic opportunity 경제적 기회 부족	Adverse outcomes of AI technologies AI기술의 부작용
7st	Inflation 인플레이션	Involuntary migration 비자발적 이주
8st	Involuntary migration 비자발적 이주	Cyber insecurity 사이버 불안
9st	Economic downturn 경기 침체	Societal polarization 사회 양극화
10st	Pollution 공해(오염)	Pollution 공해(오염)
11st	Critical change to Earth systems 지구 시스템의 중대한 변화	Lack of economic opportunity 경제적 기회 부족
12st	Technological power concentration 기술력 집중	Technological power concentration 기술력 집중
13st	Natural resource shortages 천연자원 부족	Concentration of strategic resources 전략자원의 집중
14st	Geoeconomic confrontation 지정학적 대립	Censorship and surveillance 검열과 감시
15st	Erosion of human rights 인권 침해	Interstate armed conflict 국가 간 무력 충돌

출처: World Economic Forum Global Risks Perception Survey 2023-2024 Global risks ranked by severity over the short and long term. "Please estimate the likely impact (severity) of the following risks over a 2-year and 10-year period."

지구라는 한정된 시스템 안에서 기후위기는 심각한 부작용을 야기할 수 있다. 우리가 쓸 수 있는 자원의 고갈과 주변 환경의 오염은 미래의 지속가능성과 직결된다. 또한, 기상이변은 생태계 시스템의 붕괴와 생물다양성의 감소 등 자연계의 극심한 변화를 일으킨다. 그동안 국제사회가 기후변화를 경고하고 온실가스감축을 위해 공통의 약속과 노력을 해온 것은 우리가 살고 있는 이 지구를 안전하고 지속가능하게 유지하기 위해서이다.

지구온난화와 기후위기

지구온난화는 기후 위기의 직접적인 원인이다. 우리의 몸과 마찬가지로 지구가 뜨거워지면 이상 현상이 일어난다. 우리에게 36.5℃라는 정상체온이 중요하듯, 우리가 살고 있는 지구 역시 적정온도가 중요하다. 지구상에 탄소가 지나치게 많이 배출되면 지구의 평균기온이 올라가고 지구는 몸살을 앓는다. 결국 탄소를 많이 배출하는 온실가스를 줄여야만 뜨거워진 지구를 식힐 수 있고 지구온난화를 막을 수 있다.

온실가스[5]는 원래 장기간 대기 중에 체류하면서 지구 평균기온을 14℃로 유지하는데 필요한 물질이다. 다만 과도하게 증가하면 온실효과를 유발해 지구온난화를 일으키고 기후변화를 주도한다. 지난 2021년 기후변화에 관한 정부 간 협의체(Intergovernmental Panel on Climate Change, IPCC) 6차 보고서에 따르면, 지구 표면 온도가 산업화(1850~1890년) 이전 대비 최근 10년간(2011~2020년) 1.09℃ 상승했다.

온실가스는 대부분 탄소에서 나온다. 온실가스의 75% 정도가 이산화탄소에서 나오는데 메탄(17.3%)까지 포함하면 90% 이상이 탄소에서 나온다. 에너지 분야가 73%로 전 세계 배출량의 3/4을 차지하고 전기와 열 생산이 가장 큰 배출원이다. 환경부 온실가스종합정보센터 자료에 따르

---

[5] 1997년 교토의정서에서 지구온난화의 원인물질인 6대 온실가스는 이산화탄소(CO_2), 메탄(CH_4), 아산화질소(N_2O), 수소불화탄소(HFCs), 과불화탄소(PFCs), 육불화황(SF_6)으로 정의했다.

면 국내 온실가스 역시 탄소가 주된 배출원이다. 91.4%가 이산화탄소에서 나오는데 메탄(4.1%)까지 포함하면 95% 이상이 탄소에서 나온다. 에너지 분야 배출량이 국가 총배출량의 86.8%를 차지한다. 결국 세계적으로 에너지문제를 해결하지 않으면 지구온난화를 해결할 수 없다. 우리가 에너지 효율을 높여 사용량 자체를 줄이고 석탄이나 석유, 가스와 같은 화석연료가 아닌 수력이나 풍력, 태양광 등의 재생에너지를 늘려야 하는 이유이다. 지난 2020년 기준으로 우리나라는 전력생산에서 재생에너지가 차지하는 비율이 세계적인 추세에 비해 턱없이 부족했다.[6]

우리나라는 국제사회에 온실가스를 2030년까지 2018년(727.6백만 톤) 대비 40%를 줄이겠다고 약속했다.

---

[6] Global Energy Statistical Yearbook 2021, Enerdata(2021): 노르웨이(98.4%), 브라질(84.1%), 캐나다(67.7%), 포르투칼(59.7%), 독일(44.5%), 영국(43.7%), 중국(28.4%), 프랑스(24.3%), 인도(22.5%), 일본(20.2%), 미국(19.8%), 한국(7.1%).

2030 국가온실가스 감축목표[7)

부문별 감축목표

단위 : 백만톤 CO2eq

구 분		기준연도('18)	기존NDC('21.10) ('18년 대비 감축률)	수정NDC('23.3) ('18년 대비 감축률)
배출량*		727.6	436.6(△40.0%)	436.6(△40.0%)
배 출	전환	269.6	149.9(△28.5%)	145.9(△45.9%)
	산업	260.5	222.6(△14.5%)	230.7(△11.4%)
	건물	52.1	35(△32.8%)	35(△32.8%)
	수송	98.1	61(△37.8%)	61(△37.8%)
	농축수산	24.7	18(△27.1%)	18(△27.1%)
	폐기물	17.1	9.1(△46.8%)	9.1(△46.8%)
	수소	-	7.6	8.4
	기타(탈루 등)	5.6	3.9	3.9
흡수 및 제거	흡수원	-41.3	-26.7	-26.7
	CCUS	-	-10.3	-11.2
	국제감축	-	-33.5	-37.5

*기준연도('18년)배출량은 총배출량, '30년 배출량은 순배출량(총배출량-흡수·제거량)

연도별 감축목표

단위 : 백만톤 CO2eq

부문	2018	2023	2024	2025	2026	2027	2028	2029	2030
전환	269.6	223.2	218.4	215.8	211.8	203.6	189.9	173.7	145.9
산업	260.5	256.4	256.1	254.8	252.9	250.0	247.3	242.1	230.7
건물	52.1	47.6	47.0	46.0	44.5	42.5	40.2	37.5	35.0
수송	98.1	93.7	88.7	84.1	79.6	74.8	70.3	66.1	61.0
농축수산	24.7	22.9	22.4	21.9	21.2	20.4	19.7	18.8	18.0
폐기물	17.1	15.1	14.7	14.1	13.3	12.5	11.4	10.3	9.1
수소	(-)	304	4.1	4.8	5.5	6.2	6.9	7.6	8.4
탈루 등	5.6	5.1	5.0	5.0	4.9	4.8	4.5	4.2	3.9
흡수원	-41.3	-33.5	-31.3	-28.9	-30.4	-29.1	-28.3	-27.6	-26.7
CCUS	(-)	-	-	-	0.4	-0.7	-1.3	-3.2	-11.2
합계	686.3*	633.9	625.1	617.6	602.9	585.0	560.6	529.5	436.6**

*국제사회에 제출된 '18년 총배출량은 727.6백만톤이나 순배출량 기준으로는 686.3백만톤이며, 모든 연도별 합계는 순배출량 기준임. **국내감축은 관련국제기준 확정, 최초활용시기('26년 예상)등을 고려해 연도별 목표를 설정할 예정으로 '30년 목표에만 반영

---

7) 대통령직속 2050 탄소중립녹색성장위원회 자료 참고

3. 기후위기에 대응하는 기후금융

기후 리스크로 금융권이 바빠졌다

2015년 파리협정 이후 UN산하 기후변화에 관한 정부 간 협의체(Inter-governmental Panel on Climate Change, IPCC)가 지구 평균기온을 산업화 이전 대비 1.5℃ 아래로 억제하기 위한 파리협정 준수목표로 2010년 대비 2030년 탄소배출량 45% 감축, 2050년 탄소중립을 제시했다. 이에 따라 전 세계 145개국이 탄소중립을 선언하고 국가별 온실가스 감축목표(Nationally Determined Contribution, NDC)를 상향했다. 우리나라 역시 2050년 탄소중립을 목표로 2017년 대비 2030년 24.4% 감축에서 2018년 대비 40% 감축으로 상향했다. 이러한 흐름 속에서 유럽연합(EU)의 탄소국경조정제도가 2026년부터 시행될 예정이고, 플라스틱 등 탄소를 많이 배출하는 품목에 대한 규제강화, 기업 공급망 실사 의무화 등 국제사회의 탈(脫)탄소화를 위한 규범이 점차 강화되고 있다. 또한 택소노미, RE100 등 새로운 규제기준과 자발적 캠페인도 확산되고 있다. 금융권도 기후위기 대응을 위해 빠르게 움직이고 있다. 국제사회는 금융권의 기후변화 대응과 사회적 책임과 관련한 다양한 지속가능금융 정책을 추진하고 있다. 우리나라 역시 기후변화로 인한 금융권 리스크에 선제적으로 대응하기 위해 지난 2021년 2050 탄소중립 추진전략에 기반해 녹색금융 추진계획을 수립하고 12개 실천과제를 도출했다. 이에 따르면, 공공부문의 역할과 민간금융 활성화, 녹색금융 인프라 정비 등이 담겨 있다. 올해 3월에는 기후리스크 관리 지침서를 마련하는 등의 기후 위기 대응을 위한 금융지원 확대 방안을 발표했다. 이 지침서는 2017년 설립된 녹색금융을 위한 중앙은행과 감독기구 간 글로벌 협의체인 녹색금융협의체

(Network for Greening the Financial, NGFS)가 2020년에 수립한 금융감독 기관을 위한 기후 리스크 가이드라인을 검토해 만들었다. 사업환경 및 전략, 지배구조, 리스크 관리, 공시사항을 담고 있고 기후 리스크 영향이 큰 은행과 보험사를 비롯해 전 금융사의 기후 리스크 관리 지원이 목적이다. 기후 관련 재무정보공개 태스크포스(Task Force on Climate-related Financial Disclosure, TCFD)의 역할도 크다. 기업들은 이 이니셔티브가 제공하고 있는 기준에 따라 기후변화 관련 위험과 기회의 영향을 재무적으로 측정해 공시하고 있다.

블랙스완에서 그린스완으로, 시간이 지날수록 예측은 어렵다

기후변화로 인한 금융위기의 심각성을 의미하는 용어가 있다. 2020년 1월 국제결제은행(Bank for International Settlements, BIS)이 발간한 보고서에서 인용된 그린스완(GreenSwan)이다. 드물게 발생하지만 발생하면 그 영향이 광범위하거나 극단적이라 엄청난 충격을 가져온다는 블랙스완의 개념에서 출발했다. 그래서 그린스완은 기후위기의 심각성을 경고한 기후 블랙스완이라고 한다.

블랙스완[8]은 1697년 네덜란드 탐험가인 빌렘 데 블라밍에 의해 호주의 한 해변가에서 검은색 백조가 발견되면서 알려졌다. 일반적인 기대와는 달리, 확률적으로는 거의 불가능한 일이 발생한 사례를 빗대어 표현하고 있다. 화이트스완, 그레이스완, 블랙스완으로 갈수록 발생가능성이 낮기 때문에 예측이 어렵고 위기상황은 더 심각해진다는 것을 의미한다. 결국 일상적이냐, 얼마만큼 반복적이냐에 따라 접근의 수준과

---

8) 통계학자이자 증권분석가, 투자전문가로 알려진 나심 니콜라스 탈렙(Nassim Nicholas Taleb)이 2007년 개발한 개념으로 불확실성을 전제로 위기 상황에 대한 사회 이슈를 다루었다. 1987년 10월 증시폭락으로 발생한 블랙먼데이, 2008년 글로벌 금융위기 등 금융 및 경제 분야만이 아니라 전쟁, 지진, 화산 폭발 등과 같은 자연재해 등을 의미한다.

해결책이 달라지기 때문에 그린스완은 그 자체가 예측하기 어렵고, 시간이 지날수록 예측력은 점점 더 낮아지고, 전 세계적으로 일반화된다는 특징을 갖고 있다. 우리가 겪고 있는 국지성 호우, 폭우, 극심한 가뭄, 폭염 등 기후위기 현상을 그린스완으로 설명하고 있다.

그린스완은 흑과 백이라는 극단적인 경계치를 넘어선 훨씬 더 복잡한 위기상황을 의미한다. 블랙스완은 과거에 있었을지도 모른다는 인식론적 입장에서 출발한다. 따라서 검은색 백조를 회색 백조로 바꾸는 것에 대한 극단적인 위험에 대해 어떤 형태의 해결책을 제공할 수 있다. 하지만, 그린스완은 과거와의 인식론적 단절에서 출발한다. 따라서 기존의 경험으로는 리스크가 어떤 형태로 나타날지 정확히 예측하기 어려워 해결이 쉽지 않다.

당시 보고서는 중앙은행이 기후변화에 적극적으로 대처하고 금융 및 물가안정을 위해 역할을 할 수 있을 것으로 기대하고, 생태적 전환을 지원하기 위한 재정정책, 국제통화 및 금융당국 간의 생태 문제에 대한 협력 강화, 기후와 지속가능성의 통합을 촉진하는 이니셔티브 지원, 지속가능한 금융 등의 역할을 강조했다.

지구 시스템의 안정성이 금융 및 물가안정의 전제조건이고, 금융과 기후안정은 상호 의존적인 공공재라는 점에서 중앙은행의 역할은 규제당국, 감독당국 등 이해관계자들과의 협력적 네트워크를 강화해야 한다고 보았다. 또한 인간이 초래한 다른 환경적 요인인 생물 다양성 손실과 같은 환경적 리스크는 금융 안정성의 관점에서는 훨씬 더 복잡한 문제지만, 금융 안정성을 위해 기여해야 한다고 보았다. 이러한 시각은 기후변화와 관련된 물리적 위험은 관련 시설 등의 인프라 수리비용, 보험에 가입하지 않은 손실에 미치는 경제적 영향, 무질서한 완화전략의 재무위험 가중 등 중앙은행의 금융 안정화에 영향을 미친다는 인식에서 출발한다.

기후변화가 경제 및 금융에 미치는 영향을 정확히 예측하는 것은 연결고리의 복잡성과 관련 현상의 본질적인 비선형성, 높은 수준의 불확실성 등으로 어렵지만, 기후변화를 완화하고 적응하기 위한 조치가 필요하다는 점에서 중앙은행의 금융 안정화 조치가 필요하다는 것을 시사한다. 무엇보다 리스크 관리를 어떻게 하느냐가 중요하며, 사전에 발생요인을 차단하거나 줄일 수 있는 시나리오를 잘 설계하는 것이 중요하다. 극심한 기상이변의 빈도와 강도가 증가하면 비선형적이고 돌이킬 수 없는 금융손실이 발생할 수 있는데 이는 중앙은행의 금융 안정화를 위협하고 사회경제 시스템 전반에 영향을 미칠 수 있다. 기후변화 문제를 해결하는 근본적인 책임은 정부에 있지만 효과적으로 대응하기 위해서는 중앙은행이 다양한 이해관계자들의 인식을 높이고 상호 조정을 촉진해야 한다.

파리협정 달성을 위한 금융권 네트워크 발족

국제결제은행은 설립 초기부터 금융 시스템 녹색화 네트워크(Network for Greening the Financial System, NGFS)에 참여했다. 이 조직은 2017년 12월 파리에서 8개 중앙은행과 감독관이 금융 시스템 녹색화를 위해 발족했다. 파리협정의 목표 달성을 위해 글로벌 대응강화와 환경적으로 지속가능한 개발이라는 더 넓은 맥락에서 위험을 관리하고 녹색 및 저탄소 투자자본 동원을 위한 금융 시스템의 역할을 강화하는 데 목적이 있다. 현재 유럽중앙은행, 국제통화기금, 아시아개발은행 등이 참여하고 있다.

투자자는 기후 관련 위험과 기회요인을 파악하는 것이 중요하다

기업의 정보 공개 및 시나리오분석을 위해 일차적으로 기업은 기후변화 위험과 기회를 파악해야 한다. TCFD 활동의 핵심은 기후관련 위험과 기회가 조직에 미치는 재무적 영향을 더 잘 공개하게 하는 것이다. 따라서 투자자, 대출기관, 보험 인수자는 많은 정보를 바탕으로 기후 관련 위험과 기회가 기업의 재무 상태에 미칠 영향에 대해 파악하는 것이 중요하다. 기후변화는 거의 모든 경제 부문에 영향을 미치지만 기후 관련 리스크의 노출수준과 유형, 영향은 부문, 산업, 지역 및 조직에 따라 다르다. 기업의 경우 기후 관련 위험은 전환위험(정책 및 법률, 기술변화, 시장변화, 평판)과 물리적 위험(만성과 급성)을 구분해 파악해야 한다. 또한, 이러한 요인들이 기업의 재무 상태에 미칠 잠재적 영향에 대해 파악하고, 시나리오분석을 통해 기업전략에 대한 영향력 평가, 확인된 위험관리를 위한 대응 방안, 분석과정 및 결과에 대해 공개해야 한다.

TCFD권고안의 기후 관련 리스크 및 잠재적 재무 영향[9]

유 형		기후 관련 리스크	잠재적 재무 영향
전환적 위험	정책 및 법률	• 온실가스 배출가격 상승 • 강화된 배출량 보고 의무 • 제품 및 서비스 규제 • 소송에 대한 노출	• 운영비용 증가 • 정책변경에 따른 자산손실 및 조기 폐기 • 벌금 및 판결로 인한 비용증가, 수요 감소
	기술	• 저탄소 옵션에 따른 기존제품 및 서비스 대체 • 신기술 투자실패 • 저탄소 기술 전환 비용	• 기존 자산상각 및 조기 폐기 • 제품 및 서비스 수요 감소 • 신기술 및 대체기술 연구개발 지출 • 기술개발 자본투자 • 새로운 관행 및 프로세스 구축 비용
	시장	• 고객행동의 변화 • 시장신호의 불확실성 • 원자재 비용 증가	• 소비자선호도 변화로 제품 및 서비스 수요감소 • 투입가격 변화로 인한 생산비용 증가 • 예상치 못한 에너지비용의 변화 • 수익믹스 및 출처변화로 인한 수익 감소 • 자산가격 재조정
	평판	• 소비자 선호도 변화 • 해당부문에 대한 낙인 • 이해관계자 우려 증가	• 제품/서비스 수요감소로 인한 수익 감소 • 생산능력감소에 따른 수익 감소 • 인력에 대한 부정적 영향으로 수익 감소 • 자본 가용성 감소
물리적 위험	급성	• 극심한기상이변(태풍,홍수)	• 생산능력감소로 인한 수익감소 • 건강, 안전, 결근 등 노동력에 따른 수익 감소 • 기존자산의 상각 및 조기 폐기
	만성	• 강수 패턴의 변화 • 평균기온 상승 • 해수면 상승	• 운영 및 자본비용 증가 • 매출/생산량 감소로 인한 수익 감소 • 보험료 증가 및 감소 가능성

---

[9] Final Report: Recommendations of the Task Force on Climate-related Financial Disclosures, June 2017

4. 기후변화와 재생에너지

기후변화에 따른 기후위기 문제는 근본적으로 에너지 시스템의 전환으로 해결이 가능하다. 탄소를 계속 발생시키는 기존 시스템으로는 근본적인 해결이 불가능하다. 재생에너지를 사용한다는 것은 탄소를 발생시키는 화석연료를 사용하지 않겠다는 것이다. 우리가 산업활동 과정에서 또는 일상생활에서 탄소를 많이 배출하는데 이러한 온실가스가 지구온난화를 발생시키고 결국은 우리가 살고 있는 지구환경과 생태계에 심각한 영향을 미치게 된다. 지구생태계는 하나의 순환고리로 연결되어 있어서 지구의 온도가 올라가면 빙하가 녹고 해수면이 상승하고 대기가 불안정해지면서 폭염과 한파, 가뭄 등의 재해가 발생한다. 2018년 10월 IPCC[10] 지구온난화 1.5℃ 특별보고서 채택 이후 주요 선진국을 중심으로 탄소중립을 선언했다. 이 보고서는 파리협정 1.5℃ 목표의 과학적 근거를 마련하기 위해 작성되었는데, 2℃와 1.5℃ 기온 상승폭의 영향 비교를 통해 1.5℃ 억제의 필요성을 강조하면서 지구 평균기온이 산업화 이전(1850~1900년) 대비 1.5℃ 상승했을 때 영향과 상승폭을 1.5℃까지 억제하기 위한 온실가스감축 시나리오를 다루고 있다.

우리가 온실가스 배출을 줄이기 위해서 에너지 시스템 전환에 집중하고 있는 이유는 석탄 등의 화석연료가 전 세계 온실가스 배출의 주범이기 때문이다. 지난해 5월 지구온난화 현황을 분석하는 국제단체 Global Carbon Project(GCP)의 Global Carbon Budget 2023 보고서에 따르면, 지난 2023년 화석연료 배출량은 2022년에 비해 1.1% 더 증가할 것으로 분석했다. 같은 해 9월 세계기상기구(WMO)의 2023

---

10) Intergovernmental Panel on Climate Change(기후변화에 관한 정부간 협의체)

기후과학 합동 보고서는 온실가스 배출량이 2021년에 비해 2022년 1% 증가했다고 발표했다. 기후·기상 전문가의 분석결과는 기후위기의 심각성을 경고하고 있다. 전 세계 온실가스 배출 감축은 중국과 미국, 인도, 유럽연합 등의 다(多)배출국가의 역할도 있지만 지구촌이 함께 실천하는 공통의 역할이 중요하다.

재생에너지의 길을 개척하고 있는 RE100 캠페인

전 세계인이 함께 자발적으로 참여하는 RE100(Renewable Electricity 100) 캠페인은 중요한 의미를 갖는다. RE100은 2014년 다국적 비영리단체인 Climate Group과 CDP(Carbon Disclosure Project, 탄소정보공개프로젝트)가 설립한 것으로 알려져 있다. 기업이 2050년까지 사용 전력량의 100%를 풍력, 태양광 등 재생에너지를 사용하겠다는 것이다. 산업 및 상업 부문이 전 세계 전력 사용의 절반 가량을 차지하는데, 이 수요를 재생 가능한 전기로 전환하는 것이 주요 목표다. 우리나라 역시 산업과 상업 및 공공서비스 부문이 전체 소비전력의 80%를 차지한다.[11] 2023년 기준으로 구글, 애플, GM, 마이크로소프트, BMW, 이케아 등 전 세계 425개, 우리나라는 삼성전자 등 36개 기업이 가입한 것으로 알려져 있다. RE100 이행에 대한 검증은 기업의 재생에너지 사용실적을 제3기관을 통해 검증하고, CDP를 통해 이행실적을 공개하고 있다. 이 캠페인에 참여하는 기업의 평균 재생에너지 100% 달성 목표 연도는 2028년이다. RE100은 실제 전력 사용량을 100% 재생에너지로 충당하지 못하면 재생에너지 공급인증서(REC) 또는 녹색프리미엄 등을 통해 상쇄시킬 수 있다. 즉, 재생에너지 발전

---

11) 기후변화행동연구소,[ICCA#114] OECD 국가별 1인당 전력 소비량(전체 및 가정용) 비교

소에 돈을 주고 탄소배출권을 사거나 전기요금에 재생에너지 투자용 요금을 별도로 내면 된다.

오늘의 기후 위기를 내일의 성장 기회로, 경기 RE100

경기도는 2030년까지 신재생에너지 발전비중 30% 달성, 온실가스 배출량 40% 감축목표를 분명히 하고 있다. 경기RE100[12] 실천으로 생산되는 신재생에너지 발전량은 원전 6기 수준의 발전량이라고 한다. 이를 위해 공공부문, 기업부문, 도민참여를 강조하고 있다. 경기도와 산하 공공기관, 시·군단위 유휴부지를 활용하고 맞춤형 기업지원. 민간부문의 참여활성화로 RE100을 실천하겠다는 것이다.

정부(산업통상자원부)도 제11차 전력수급계획[13]을 수립 중인데, 올해 7월 2030년까지 전국 산업단지에 태양광 6GW 규모의 재생에너지를 보급하겠다고 밝혔다. 실무안에 따르면, 태양광·풍력 설비용량은 2022년 23GW에서 2030년 72GW로 확대된다. 한편 지난해 제28차 유엔 기후변화협약 당사국총회(COP28)는 2030년까지 글로벌 재생에너지 용량을 3배 늘리자고 약속했다. 영국 국제기후·에너지 정책 연구소(Ember)의 글로벌 전력 리뷰(Global Electricity Review)[14]에 따르면, 2023년 한국은 전력의 62%를 화석연료에 의존해 G20에서 1인당 탄소 배출량이 두 번째로 높은 국가로 기록되었다. 풍력과 태양광을 합친 비중(5%)은 세계평균(13%)과 일본(12%), 중국(16%)에 비해 뒤처져

---

12) 경기RE100, https://www.gg.go.kr/ggre100/
13) 전기사업법 제25조 및 시행령 제15조에 따라 2년 주기로 수립, 2024년부터 2038년까지 15년간 전력수급 기본방향과 전망, 발전설비계획, 전력수요관리 등을 위한 계획이다.
14) 이 보고서는 전 세계 전력수요의 92%를 차지하는 80개국의 전력데이터와 전 세계 CO2배출량의 80%이상을 차지하는 상위 10개 국가 및 지역'에 대해 분석하고 있다. 'TOP 10 전력부문_CO2 배출량 (백만 톤): 중국, 미국, 인도, 유럽연합, 일본, 러시아, 한국, 사우디아라비아, 인도네시아, 이란이다. https://ember-climate.org/countries-and-regions/countries/south-korea

있다고 분석했다. 한국은 2030년까지 재생에너지 전력비중 20%를 목표로 하고 있지만 국제에너지기구(IEA)는 2030년까지 전 세계 재생에너지 전력비중 60%를 목표로 제시하고 있다.

5. 기업의 가치는 기후변화 정보가 결정한다

2015년 파리협정 전후로 국제사회가 기후변화 문제에 대한 관심과 해결 의지가 증가하면서 기후변화 관련 정보는 기업 가치에도 직접적인 영향을 주기 시작했다. 지구촌 공통의 약속에 따라 전 세계가 2050년까지는 탄소중립(이산화탄소 배출과 흡수가 완전히 상쇄된 상태, Net Zero)을 약속한 상황에서 일부 산업에 영향을 미친 프레온가스와는 달리 탄소는 거의 모든 산업뿐만 아니라 국민 생활에 직접적인 영향을 미치기 때문에 더욱 관심이 집중되고 있다. 이에 따라 금융기관 및 투자자는 기업이 기후 관련 리스크를 잘 대비하고 있는지 관련 정보를 요구하기 시작했다. 그 결과 기업은 투자를 받기 위해서 기후 리스크를 진단하고 해결방안과 기회요인 등을 분석한 기후정책 정보를 공시[15]하게 되었고, 이를 평가하는 국제적인 이니셔티브도 생겨났다. 대부분의 기업은 글로벌 보고 이니셔티브(GRI), 지속가능발전목표(SDGs), 기후 관련 재무정보 공개 태스크포스(TCFD), 지속가능성 회계기준위원회(SASB), 유엔글로벌콤팩트(UNGC) 등에 관련 정보를 공시하고 있다. 기업이 정보공시를 요구받는 이유는 금융기관이나 투자자가 과거 재무제표로는 기업의 미래가치를 예측하기 어렵기 때문이다. 재무제표 이외에 비재무적인 요소인 환경(E)와 사회(S), 지배구조(G)에 대한 정보가 기업의 가치에 영향을 미친다는 것이다. 예를 들어 금융기관은 기후변화에 따른 기후 위기 문제가 금융에 가장 큰 영향을 미칠 것으로 전망하고 있다. 따라서 기업들은 이에 대한 대비책을 잘 세워야 투자시장에서 유리하다. 지난 2015년 12월 체결된 파리협정은 국제적으로 2050년까지 탄소중립을 달성해야 한다는 점을 강조하면서 지구 평균

---

15) 공시(公示, public notice)는 공개적으로 알린다는 것을 의미한다.

기온이 산업화 이전 대비 2℃보다 현저히 낮은 수준으로 유지하도록 온실가스 배출량을 줄이자는 감축목표를 설정했다. 또한, 군소도서(群小島嶼) 지역[16]의 우려에 따라 온도 상승 폭을 1.5℃ 이하로 제한하기 위해 노력해야 한다는 노력 목표도 설정했다. 이에 따라 기업들은 탄소를 줄이기 위해서 기존 공정을 바꾸거나 개선하는 등의 에너지 시스템의 전환이 필요하다. 이렇게 기후변화에 따른 기후위기는 산업 활동 전반에 영향을 미치게 된다. 2015년 4월 G20 재무장관·중앙은행 총재 회의에서 금융안정위원회(Financial Stability Board, FSB)에 이 문제를 검토하라고 요청하면서, 마이클 블룸버그를 위원장으로 한 기후 관련 재무정보공개 협의체(TCFD)가 발족했다. 당시, 여기에는 은행, 보험회사, 자산운용사, 연기금, 신용평가 기관 등의 전문가들이 참여했다. 이들이 발간한 보고서가 기후변화 관련 재무 정보공시의 시작이다. 현재 많은 기업이 TCFD의 권고안에 따라 기후변화 관련 위험과 기회의 영향을 재무적으로 측정하여 공시하고 있다. 기존의 기후변화 정보 공개는 기업의 온실가스 배출량이나 에너지 사용량 등 기술적인 정보 공개가 중점이었고 기후변화가 기업 또는 금융기관의 재무에 미치는 영향에 대한 공개는 부족했었다.

---

16) 군소도서 개발도상국(SIDS), 지리적으로 캐리비안, 태평양 지역에 산재해 있는 작은 섬나라들로 기후영향을 직접적으로 받고 있다.

2019년 10월 영국 런던을 방문했을 때 환경단체들이 기후변화 해결을 촉구하며 기후적·생태학적 비상사태 (Climate and Ecological Emergencies) 시위를 벌였다. 이들은 멸종 위기종을 구할 시간이 얼마 남지 않았다며 런던과 암스테르담, 베를린, 뉴욕 등에서 시위를 벌였다.

6. 생물다양성 감소와 생태계 파괴

국제사회가 지난 2022년 12월 캐나다 몬트리올에서 열린 제15차 생물다양성협약(Convention on Biological Diversity, CBD)에서 쿤밍-몬트리올 글로벌 생물다양성 프레임워크(GBF)[17]를 공식적으로 채택하고 2030년을 목표로 한 추진전략을 수립했다. 2030년까지 육상 및 해양의 최소 30% 보호지역 관리, 훼손된 생태계 최소 30% 복원, 살충제 및 유해화학물질로 인한 부정적 위험과 외래종 유입 및 정착을 줄이는 등 총 23개 실천목표와 관련 사항이 포함되어 있다. 지난해 9월 UN 산하 자연자본 관련 재무공개 협의체(Taskforce on Nature-related Financial Disclosures, TNFD)는 생물다양성 공시 가이드라인을 공개했다. 이를 통해 올해 3월 환경부는 생물다양성 경영전략으로 기업이 생물다양성에 미치는 영향과 의존도를 평가한 정보를 투자자에게 공개하는 자연자본 공시에 대한 대응 방안을 발표했다. 올해 1월에는 지속가능보고서 가이드라인을 제공하는 글로벌 보고 이니셔티브(Global Reporting Initiative, GRI)가 2026년부터 적용될 생물다양성 공시기준을 새롭게 제시했다. 이에 따르면, 앞으로 기업은 공급망 전반에 생물다양성 손실 방지와 복원정책을 수립하고 관리조치에 대한 정보를 공개해야 한다. 생태계 단절을 최소화하기 위한 생태통로 설계 또는 부지 위치 선정, 외래종의 확산 방지 등 생물다양성의 부정적 영향을 최소화하기 위한 조치들을 공개하고, 기업의 활동으로 영향을 받는 생태계를 복원 또는 복구하기 위한 조치와 그 지역의 면적, 가장 중요한 영향을 미치는 지역을 공개해야 한다. 상쇄프로그램을 운영할 경우 진행과정을 보고해야 하고, 이 조치를 통해 목표로 한 생물종

---

17) 기존의 포스트-2020 글로벌 생물다양성 프레임워크(POST-2020 GBF)에서 코로나19로 인해 열리지 못한 당초 개최예정지인 중국과 실제 개최지인 캐나다 도시이름을 따서 프레임워크 명칭을 변경했다.

과 생태계 정보를 공개해야 한다. 또한, 이해관계자와 어떻게 소통하고 있는지, 원주민과 지역 커뮤니티가 보유한 지식에 대한 정보도 공개해야 한다. 이러한 기준은 UN 쿤밍-몬트리올 글로벌 생물다양성 프레임워크의 목표와 부합하고 기업의 어떤 결정과 관행이 생물다양성 손실로 이어지는지, 가치사슬의 어느 부분에서 영향을 미치는지, 어떻게 관리할 수 있는지에 대한 정보를 제공하고 있다. 기업은 목표를 설정할 때 과학기반 목표 네트워크(SBTN)와 자연자본 관련 재무공개 협의체(TNFD)의 지침을 활용한다. 파리협정 이행수단으로 유럽연합은 2050 기후 중립[18] 달성을 위해 2019년 12월 유럽 그린딜을 수립했다. 이 정책은 청정에너지, 산업, 건축, 교통, 농식품, 생물다양성, 환경오염 저감 등 7대 분야계획을 담고 있다. 우리나라 탄소중립 정책에는 생물다양성 복원 내용이 빠져있다. 훼손된 생태계에 대한 복원으로 탄소배출량을 제거할 수 있다는 점에서 유럽 그린딜을 참고할 필요가 있다. 유럽 그린딜은 2030년까지 최소 30% 토지와 바다를 보호구역으로 지정하고 최소 10% 농지를 완충녹지, 휴한지, 연못 등으로 전환하는 자연 복원계획을 추진하고 있다.

유럽 그린딜, 생태계·생물다양성 보전 및 회복

유럽연합은 2050년까지 최초의 기후 중립 대륙을 목표로, 1990년 수준과 비교해 2030년까지 온실가스 배출량을 최소 55% 감축, 최소 30억 그루 나무 심기 등의 프로젝트를 추진하고 있다.[19] 특히, 이 과정에서 추진하는 2030 생물다양성 전략은 2030년까지 유럽의 생물다양

---

18) 신재생에너지 전환 등으로 실질적 탄소 순 배출 총량을 '0'으로 만드는 것을 의미한다. 대부분의 나라는 탄소중립이라는 용어로 사용하고 있다.
19) EU Biodiversity Strategy for 2030, What is the new 2030 Biodiversity Strategy? https://ec.europa.eu/commission/presscorner/detail/en/qanda_20_886

성 회복을 목표로, 자연을 보호하고 생태계 파괴를 복원하기 위한 장기 계획이다. 이는 기후변화의 영향, 산불, 식량 불안정, 질병 발생 등과 같은 미래의 위협에 대비한 회복력을 구축하는 것이다. 구체적인 행동으로 육지와 바다에 생물다양성과 기후 가치가 매우 높은 지역을 엄격하게 보호하고 복원할 계획이다. 이를 위해 유럽의 국토와 바다의 최소 30%를 보호지역으로 전환한다. 또한, EU 전역의 탄소가 많은 생태계를 포함하여 훼손된 생태계를 복원한다. 위험한 화학 살충제 사용을 50%까지 줄이고, 최소 30억 그루의 나무를 심고, 남아있는 원시림과 오래된 숲을 보호한다. 생물다양성이 공공 및 기업의 의사결정에 반영되도록 세금 시스템과 가격결정을 촉진한다.

생물다양성협약

1992년 6월 브라질 리우에서 열린 유엔환경개발회의(United Nations Conference on Environment and Development, UNCED)에서 기후변화협약, 사막화방지협약과 함께 미래사회 지속가능한 발전을 위해 생물다양성협약이 채택되었다. 당시 보고에 따르면 지구상의 총 생물종은 약 3,000만 종으로 추정되고, 인구증가와 야생동식물의 남획, 각종 개발 및 환경오염 등으로 서식지가 파괴되고 매년 25,000~50,000종의 생물이 멸종한다. 결국 생물종의 감소는 생물자원의 감소를 넘어 먹이사슬을 통해 생태계 파괴를 가속화시키고 인류의 지속가능성을 위협한다.

자연자본 관련 재무 공개 협의체

자연자본이란 식물이나 동물, 공기, 물, 토양, 광물 등을 말하는데 이러한 자연자원의 손실을 막고 생태계 회복을 위해 활동하는 글로벌 이니셔티브로 지난 2021년 6월에 설립되었다. 호주와 캐나다, 프랑스, 영국, 일본, 스위스, 네덜란드 등 정부와 OECD, 유럽중앙은행, 세계자연기금(WWF), 유엔환경계획 금융이니셔티브(UNEP FI), 유엔개발계획(United Nations Development Programme, UNDP)[20], Worldbank 등의 국제기구와 단체, 무디스, 블랙록, JP모건, 홍콩상하이은행(HSBC), 네슬레, Shell, KPMG 등의 기업이 참여하고 있는 글로벌 협의체이다. 기후 관련 재무 공개 협의체(TCFD)의 리스크 관리 및 공시기준을 준용해 기업이 보유한 자연자본의 위험성 공개와 생물다양성 보존에 대한 지침을 마련했다. 앞으로 기업은 기후변화 대응만이 아니라 생물다양성 보존에 대한 평가와 계획 등을 공시하고 평가를 해야 하는 사회적 책임이 강화된다.

---

20) 유엔개발계획(UNDP)은 1965년 설립된 전 세계 170여개국과 지역의 지속가능발전목표(SDGs) 달성을 지원하는 기구이다. 우리나라 역시 2007년부터 개발협력 전반에 걸쳐 전략적 협력을 강화하고 있다. 유엔환경계획(UNEP)은 1972년 스톡홀름에서 열린 유엔인간환경회의 이후 설립된 환경분야 국제협력 기구이다.

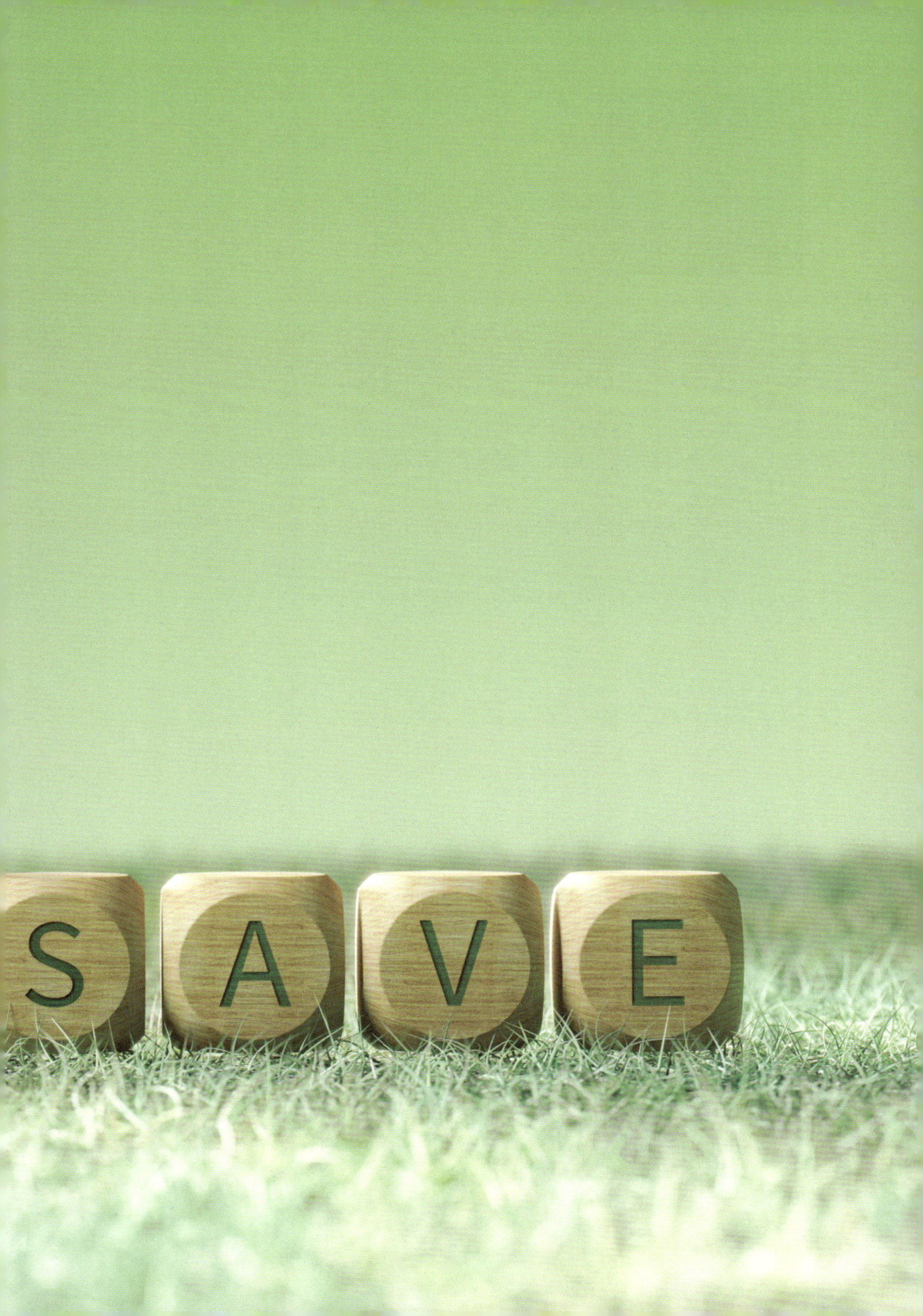
SAVE

제2장
거꾸로 가는 기후정책

1. 늘어만 가는 기후소송

기후소송은 법적 근거를 파리협정으로 하고 있다. 파리협정이 기후위기를 극복하기 위한 전 세계 공통된 약속이기 때문이다. 파리협정에 따라 온실가스를 줄이기 위한 적극적인 조치가 필요한데 아예 이행하지 않거나 소극적으로 조치할 때 소송을 당한다. 파리협정은 전 세계가 지구 평균기온 상승을 산업화 이전 대비 2℃보다 상당히 낮은 수준으로 유지하고, 1.5℃로 제한하기 위해 노력한다는 목표에 합의했다. 이에 따라 당사국은 5년마다 온실가스감축 목표(NDC)를 수립해 제출하고, 지속적으로 이행해야 한다. 또한 2023년부터는 이행점검 결과를 다음 NDC 수립에 반영해야 한다.

기후변화의 심각성은 점점 가속화되고 있다. 세계기상기구(WMO)의 보고서(The Global Climate 2011-1020)에 따르면 2011~2020년 지구 평균기온은 산업화 이전(1985~1900년)보다 1.10±0.12℃ 상승했다.

특히 2023년은 산업화 이전보다 1.45±0.12℃ 상승한 기록상 가장 따뜻한 해였다. 이 수치는 파리협정이 정한 연평균 1.5℃를 넘어선 상당히 우려스러운 수준이다. 해수면도 지난 10년간(2001~2010년) 연평균 2.9±0.5mm에 비해 2011~2020년 4.5mm로 상승했다. 같은 시기 전 세계 빙하는 매년 평균 1m씩 얇아지고 있다. 인도네시아 파푸아(Papua) 빙하는 향후 10년 안에 완전히 사라지고, 아프리카 르웬조르(Rewenzori) 산맥과 케냐 산의 빙하는 2030년까지, 킬로만자로 빙하는 2040년까지 사라질 것으로 예상했다.[21]

대표적인 기후소송은 네덜란드 환경단체의 우르헨다(urgenda) 소송

---

21) 세계기상기구가 올해 7월 22일 발표한 자료는 지난해 7월 6일에 세운 종전기록인 17.08℃를 초과한 17.16℃로 역사상 최고기록이 갱신되었다.

이다. 우르헨다는 2024년 6월 23일 붉은색 옷을 입은 수 만 명의 시민들이 200km에 달하는 네덜란드 해안선을 따라 줄을 지어 정치인들에게 기후변화에 대한 더 많은 조치를 취할 것을 촉구하는 인간사슬 캠페인을 벌인 환경단체이다. 이들은 앞서 2012년 11월, 네덜란드 정부가 온실가스감축을 위한 국제사회의 요구를 무시하고 국민을 위한 보호의무를 위반했다는 이유로 온실가스감축 목표를 상향조정 하라는 취지의 소를 제기했다.

이 소송은 2019년 12월 원고 승소 판정을 받았다. 국가를 상대로 한 기후소송에서 대법원이 원고 승소 판정을 내린 첫 사례였다. 법원은 네덜란드 정부는 유럽인권협약(ECHR)의 협약 당사국이자 유엔기후변화협약(UNFCCC) 회원국으로 자국민의 생명과 복지를 보호할 의무가 있고, 2020년까지 1990년 대비 최소 25% 온실가스를 감축하라고 판결했다. 기후변화에 관한 정부 간 협의체(Intergovernmental Panel on Climate Change, IPCC)의 권고사항과 유럽연합의 감축 목표 등 국제사회의 흐름에 따라 네덜란드 정부 역시 온실가스감축 노력을 충실히 이행하라는 취지이다. 2007년 IPCC는 선진국의 경우 1990년 대비 2020년 25~40% 감축을 권고했고 이에 따라 EU는 2020년 30% 감축목표를 세웠었다. 이 소송의 결과로 기후소송은 2022년 기준으로 2,000건이 넘는다.[22] 2021년 4월 독일 연방헌법재판소는 독일 연방기후보호법에 대해 일부 위헌 판결을 내렸다. 이 법이 2030년 이후 온실가스감축 목표를 설정하지 않는 것은 미래세대에 대한 기본권 침해라고 판단했다. 결국 연방정부와 의회는 감축목표를 1990년 대비 55%에서 65%로 강화하고 2040년까지 40% 감축을 목표로 하는 개정안을 통과시켰다. 지난 2023년 8월에는 미국의 몬태나주 아동·청소년들이 2020년 3월에 제기한 기후소송이 지방법원에서 승소 판결을 받았다.

---

22) Urgenda, https://www.urgenda.nl/en/home-en/

미국 석탄 매장량의 3분의 1을 차지하는 몬태나주 석탄 생산은 주 헌법이 보장하는 환경권을 침해한다는 것이 취지였다. 올해 4월에는 스위스 환경단체인 [기후 보호를 위한 노인 여성 회원들]이 유럽인권재판소(ECtHR)에 낸 기후소송이 승소했다. 법원은 스위스 정부의 기후변화 문제의 불충분한 조치가 기후변화의 위험을 악화시켜 잠재적으로 해로운 결과와 인권을 침해한다고 판결했다. 우리나라는 헌법재판소가 2020년 3월 청소년 기후소송, 2021년 시민 기후소송, 2022년 아기 기후소송, 2023년 탄소중립기본계획 소송 등 4건을 병합해 심리 중에 있다. 전 세계적으로 기후변화에 대한 정부와 기업의 소극적인 대처는 개인의 생명과 안전, 복지, 인권 등의 소송으로 이어지고 있다. 또한 법적 소송에 대한 원고 승소 판결도 늘어나고 있다.

2. 재생에너지 정책의 후퇴

재생에너지는 탄소 발생을 줄여 기후위기로부터 안전하고 지속가능한 삶을 가능하게 한다. 또한 기후 위기에 따른 무역장벽을 해소하고 산업경쟁력을 키우는데 기여한다. 하지만 우리나라는 지난 2021년 10월 2030 국가온실가스감축 목표 수립 시 신재생에너지 발전 비중을 30.2%로 확정했지만, 2023년 1월 발표한 제10차 전력수급기본계획은 21.6%로 목표치가 줄었다. 주무부처인 산업통상자원부가 "2030년 NDC에서 제시한 신재생에너지 발전 비중 30% 이상은 도전적 목표지만, 수용성·환경성을 확보하면서 우리가 가진 입지 잠재량을 적극적으로 활용하면 충분히 달성 가능하다"고 했던 것과 너무나 대조적이다. [23] 반면, 원자력발전 비중은 2030년 23.9%에서 32.4%로 오히려 8.5% 늘었다. 결과적으로 2030 NDC 상향안과 비교하면 원전은 8.5% 늘고, 신재생에너지는 8.6% 줄었다. 국가적으로 원전을 늘린다는 것은 재생에너지가 줄어든다는 것을 의미한다. 최근 정부의 CF100 추진도 원전을 고려한 것으로 이해할 수 있다. CF100[24]은 Carbon Free 100%의 약칭으로 탄소가 없는 에너지만을 사용하는 것이다. 무탄소에너지는 재생에너지만을 말하는 것이 아니라 탄소를 배출하지 않는 원전과 청정수소, 탄소 포집과 저장(CCS) 등을 포함한다. RE100(Renewable Electricity 100)에서 얘기하는 태양열, 풍력, 수력 등 재생에너지와는 다르다. RE100은 원전, 수소를 재생에너지로 인정하지 않는다. 정부가 RE100이 아니라 CF100을 추진하는 동안 국내 기업은 점점 더 국제경쟁력을 잃을 수 있다. 기업은 국제사회가 요구하

---

[23] 보도설명자료(21.11.10): 2030년 신재생에너지 발전비중 30.2%는 도전적 목표지만, 입지잠재량을 적극 활용하면 충분히 달성 가능(서울경제 11.10자 보도에 대한 설명)
[24] 국제적으로는 일주일 24시간 내내 중단없이 무탄소에너지를 사용한다는 뜻의 24/7 Carbon-Free Energy(CFE)란 명칭을 쓰고 있다

는 RE100에 효과적으로 대응하기 위해 생산현장을 해외로 옮기게 되고, 이는 국내 산업기반의 침체를 가져올 수 있다.

신(新)재생에너지와 재생가능에너지, 재생에너지

신재생에너지와 재생가능에너지는 엄연히 다르다. 신에너지 및 재생에너지 개발·이용·보급 촉진법(약칭: 신재생에너지법)은 관련법의 명칭에서부터 이를 구분하고 있다. 이 법 제2조(정의)는 신에너지는 기존의 화석연료를 변환시켜 이용하거나 수소·산소 등의 화학 반응을 통하여 전기 또는 열을 이용하는 에너지로 수소에너지, 연료전지, 석탄을 액화·가스화한 에너지 및 중질잔사유(重質殘渣油)를 가스화한 에너지로서 대통령령으로 정하는 기준 및 범위에 해당하는 에너지, 그 밖에 석유·석탄·원자력 또는 천연가스가 아닌 에너지로서 대통령령으로 정하는 에너지로 정의한다. 반면 재생에너지는 햇빛 · 물 · 지열(地熱) · 강수(降水) · 생물유기체 등을 포함하는 재생가능한 에너지를 변환시켜 이용하는 에너지로서 태양에너지, 풍력, 수력, 해양에너지, 지열에너지, 생물자원을 변환시켜 이용하는 바이오에너지로서 대통령령으로 정하는 기준 및 범위에 해당하는 에너지, 폐기물에너지(비재생폐기물[25)]로부터 생산된 것은 제외한다)로서 대통령령으로 정하는 기준 및 범위에 해당하는 에너지, 그 밖에 석유 · 석탄 · 원자력 또는 천연가스가 아닌 에너지로서 대통령령으로 정하는 에너지로 정의한다. 현재 수소에너지와 연료전지 등은 원유와 천연가스로 만들어진다는 점에서 재생에너지와는 다르다. 재생에너지 중에서 폐기물에너지는 대기오염물질과 온실가

---

25) 폐기물 에너지는 폐기물을 재활용해 연료를 만들거나 소각해 에너지로 이용하는 것을 말한다. 다만 산업폐기물, 폐기물고형연료, 생활쓰레기, 대형도시쓰레기 중 생물학적으로 분해되지 않는 비재생폐기물은 폐기물 에너지에서 제외했다.

스를 배출한다는 점에서 2019년부터 관련 내용이 개정돼 비재생폐기물로부터 생산된 것은 제외되었다.

신·재생에너지 보급현황

전 세계 재생에너지 발전 비중은 2022년 기준으로 14.8%, OECD 평균 34%이다. 독일(43.5%), 영국(41.4%), 미국(22.2%), 일본(21.6%) 등에 비해 우리나라는 8.1%(신재생에너지 비중은 9.3%) 수준으로 낮은 수준이다. 재생에너지는 2020년 6.4%, 2021년 7.1%, 2022년 8.1%로 소폭 증가했다. 한편 우리나라의 경우 국제사회와 재생에너지 기준이 달라 국제에너지기구(International Energy Agency, IEA) 재생에너지 분류체계에 부합하게 검토할 필요성이 제기되고 있다. IEA는 재생가능에너지로 태양에너지(태양광/태양열), 풍력, 수력, 해양에너지, 지열, 고체/액체 바이오연료, 바이오가스, 재생도시폐기물로 정의하고 있다.

최근 3년간 국내 신·재생에너지 발전량[26]

(단위: GWh, %)

구 분		2020년		2021년		2022년	
		발전량	비중	발전량	비중	발전량	비중
총 발 전 량		579,999	100.00	611,015	100.00	626,448	100.00
신·재생에너지		43,124	7.4	50,657	8.2	57,780	9.3
재생	재생에너지	37,202	6.4	43,669	7.1	50,406	8.1
	신에너지	5,922	1.0	6,989	1.1	7,374	1.2
	태양광	19,338	44.8	24,718	48.8	30,726	53.2
	풍력	3,150	7.3	3,180	6.3	3,369	5.8
	수력	3,879	9.0	3,057	6.0	3,545	6.1
	해양	457	1.1	455	0.9	424	0.7
	바이오	9,938	23.0	11,788	23.3	11,928	20.6
	폐기물	439	1.0	471	0.9	414	0.7
신	연료전지	3,544	8.2	4,798	9.5	5,410	9.4
	IGCC	2,377	5.5	2,191	4.3	1,965	3.4

TIP) 우리나라 국가 온실가스감축 목표(NDC)의 변화

우리나라는 2015년 6월, 최초로 2030년 BAU(Business As Usual, 배출전망)[27] 대비 온실가스 배출 37% 감축이라는 목표를 수립했다. 이후 2018년 7월 국내 감축을 25.7%에서 32.5%로 확대하고 국외 감축은 축소 조정했다. 2020년 12월, 임의변동 가능성이 있는 BAU방식에서 고정불변의 절대치 방식으로 변경해 당초 2030년 BAU 대비 37% 감축을 2017년 대비 2030년 24.4%(18년 대비 26.3%)로 변경해 UN에 제출했다. 국제사회가 2020년 10월경 2050 탄소중립을 선언하자 우리나라 역시 2020년 12월, 2050 탄소중립을 선언했다. 2021년 탄소중립·녹색성장기본법 제정과[28] 2050 탄소중립 시나리오를 수립했

---

26) 한국에너지공단 2022년 신재생에너지 보급통계 확정치 결과요약자료 참고(2023.12)
27) 추가감축 노력을 하지 않고 현재 추세로 진행할 때 예측되는 미래 온실가스 배출 전망치이다.
28) 기후위기 대응을 위한 탄소중립·녹색성장기본법은 2030년 국가온실가스 감축을 2018년 대비 35% 이상으로 정하고 있다.

다. 이후 전 세계 흐름에 맞춰 2023년 3월, 2030 국가온실가스 감축 목표를 2018년 대비 40% 감축으로 상향했다. 그리고 4월, 2030년까지 부문별·연도별 감축 목표와 이행방안을 담은 탄소중립·녹색성장 국가전략 및 제1차 국가기본계획을 발표했다.

지난 2020~2021년에 전 세계는 파리협정에 따라 자발적인 온실가스 감축 목표인 국가결정기여(Nationally Determined Contributions, NDC)를 제출했다. 다음 NDC는 2025년 봄까지 제출해야 한다.

3. 탈(脫)플라스틱 사회에서 멀어지는 한국

자원순환사회는 자원이 고갈되지 않고 순환되는 지속가능한 사회를 말한다. 우리나라는 제도적 기반으로 순환경제사회 전환 촉진법(약칭: 순환경제사회법)을 시행하고 있다. 제품의 전 과정에서 자원을 효율적으로 이용하고 폐기물의 발생을 최대한 억제하며 발생된 폐기물의 순환이용을 촉진하여 지속가능한 순환경제사회를 만드는 것을 목적으로 한다. 이러한 사회는 자원의 생산과 운반, 소비, 폐기 과정에서 발생하는 이산화탄소 등의 온실가스를 줄이고 에너지 낭비를 줄인다. 따라서 미래사회의 지속가능성을 위해서 자원을 재사용하고 재활용하는 것은 국제사회의 큰 흐름이다. 그런데, 국제적으로 상당히 많은 양의 탄소를 함유하고 있는 플라스틱 이슈가 진행중이다.

국제사회는 플라스틱 퇴출을 위해 팔을 걷었다

플라스틱은 수명주기 전반에 걸쳐 전 세계 온실가스 배출량의 3.4%를 차지한다. 2019년에는 18억 톤의 온실가스를 배출했고, 이 중 90%가 플라스틱에서 발생했다. 경제협력개발기구(OECD) 글로벌 플라스틱 전망(Global Plastics Outlook 2022) 보고서에 따르면, 전 세계적으로 연간 플라스틱 사용량은 2000년 2억 3,400만 톤에서 2019년 4억 6,000만 톤으로 두 배로 급증했다. 이에 따라 플라스틱 폐기물도 두 배 이상 증가했는데, 플라스틱 폐기물의 9%만 최종적으로 재활용되고 나머지는 매립과 소각으로 최종 처리되었다. 이 과정에서 22%는 노천에서 태워지거나 처리되지 않은 채 환경에 그대로 버려졌다. 환경으로 유출된 플라스틱은 매크로플라스틱(macroplastic)이 88%, 직경이 5mm보다 작은 미세플라스틱은 12%를 차지한다.

상당한 양의 플라스틱이 강과 호수, 바다를 따라 이동하고, 입자도 점점 작아지면서 이를 수거하고 처리하려면 어려움을 겪게된다.

결과적으로 플라스틱 생산과 사용량이 증가하면 탄소발자국은 그만큼 늘어나고 다량의 폐기물 발생과 오염으로 사회·환경적인 피해와 경제적인 손실이 뒤따른다. 야생동물과 인류 생태계 안전 또한 심각히 위협받게 된다.

이에 따라 국제사회는 화석연료로부터 플라스틱 생산을 억제하고 재활용을 확대하기 위한 정책을 강화하고 있다. 전 세계 120개 이상의 국가에서 플라스틱 사용을 금지하고 세금을 부과하고 있다.

유럽연합(EU)은 2021년부터 재활용되지 않은 플라스틱 포장재는 kg당 0.8€ 세금 도입을 추진하고, 2025년까지 25%, 2030년까지 30% 플라스틱 병에 재활용 원료를 포함한다. 미국 캘리포니아는 2032년까지 일회용 플라스틱 사용을 최소 25% 줄이고, 2028년까지 캘리포니아에서 판매 또는 구매되는 플라스틱 제품의 최소 30% 재활용을 추진한다. 영국은 2022년부터 플라스틱 포장재에 30% 미만의 재활용 원료를 사용하면 톤당 200파운드의 세금 도입을 추진하고 있다.

점점 더 멀어지는 우리나라 탈(脫)플라스틱 정책

이에 비해 우리나라는 탈플라스틱 사회에서 멀어지고 있다. 당초 2025년까지 의무 시행하기로 했던 일회용품 보증금제를 자치단체 자율에 맡기기로 했다. 이 제도는 음료를 종이컵이나 플라스틱 컵으로 구매할 때 자원순환 보증금 300원을 내고, 반납하면 돌려받는 제도이다. 세종과 제주에서 시범적으로 시행하고 전국으로 확대할 계획이었지만 사실상 백지화되었다. 2019년부터 예고된 매장 내 플라스틱 빨대와 종이컵 사용이 금지돼야 하지만 종이컵은 규제대상에서 빠지고 플라스틱 빨대는 현행대로 유지된다. 정부 정책에 대한 불신과 시장에 혼란만 초래한 채 우리나라 자원순환사회 전망은 불투명하게 되었다.

제3장
세계의 기후정책

1. 지구온난화를 막기 위한 기후변화협약과 교토의정서

유엔기후변화협약(United Nations Framework Convention on Climate Change, UNFCCC)은 "지구의 기후변화와 이로 인한 부정적 효과가 인류 공통의 관심사임을 인정한다. 인간 활동이 대기 중의 온실가스 농도를 현저히 증가시켜 왔고, 이로 인해 자연적 온실 효과가 증대되고 이것이 평균적으로 지구 표면 및 대기를 추가적으로 온난화시켜 자연생태계와 인류에게 부정적 영향을 미칠 수 있음을 우려한다. 과거와 현재 지구 전체 온실가스의 많은 부분이 선진국에서 배출되었다는 것과 개발도상국의 1인당 배출량은 아직 비교적 적으나 지구 전체 배출에서 차지하는 개발도상국의 배출 비율이 그들의 사회적, 개발요구를 충족시키기 위해 증가할 것임을 주목한다. 기후변화의 세계적 성격에 대응하기 위해서는 모든 국가가 그들의 공통적이면서도 그 정도에 차이가 나는 책임, 각각의 능력 및 사회적, 경제적 여건에 따라 가능한 모든 협력을 다하여 효과적이고 적절한 국제적 대응에 참여하는 것이 필요함을 인정한다"는 국제사회 합의 내용을 담고 있다.

1992년 UN 총회결의로 정부 간 협상위원회(INC)를 통해 1994년 공식적으로 발효되었다. 우리나라는 1993년 12월에 가입했다. 국제사회가 지구온난화 문제를 해결하기 위해 손을 잡은 역사적 사건이다. 이 협약은 교토의정서(Kyoto Protocol)와 파리협정(Paris Agreement)을 통해 이행되고 있다. UNFCCC는 1997년 12월 11일 일본 교토에서 열린 기후변화협약 제3차 당사국총회에서 채택된 교토의정서(Kyoto Protocol, 2005년 2월 16일 발효) 제4조 1항에 따라, 모든 당사국은 공통으로 국가 온실가스 배출량 감축 전략을 수립, 시행, 공개하고 배출량과 흡수량에 대한 국가 보고서를 당사국 총회(COP, Conference of Parties)에 제출토록 규정하고 있다.

부속서Ⅰ(40개국과 EU) 국가[29)]는 2000년 온실가스 배출량을 1990년 수준으로 안정화시키도록 노력하고, 부속서Ⅱ(부속서Ⅰ에 포함된 24개 OECD 회원국과 EU) 국가는 개발도상국 재정 및 기술이전 지원이라는 의무가 주어졌다. 이에 따라 부속서 Ⅰ국가는 1차 기간인 2008년부터 2012년까지 1990년 대비 평균 5.2% 감축의무를 목표로 국가별로 차별적인 목표를 적용했고, 2차 기간인 2013년부터 2020년까지는 평균 18% 감축목표가 주어졌다. 우리나라는 비부속서Ⅰ국가로 분류돼 감축의무가 없었다. 교토의정서는 55개국 이상 협약 당사국이 비준에 참여하고, 비준에 참여한 부속서Ⅰ국가의 1990년 기준 온실가스 배출량 합이 전체 부속서Ⅰ국가의 55% 이상을 차지해야 발효된다. 하지만 온실가스를 많이 배출하는 미국이 2001년 3월 탈퇴하고 중국, 인도 등이 개발도상국으로 분류되면서 형평성과 실효성 문제가 지속적으로 제기되었다.[30)] 우리나라는 2002년 비준에 참여했다. 교토의정서는 2008년부터 2020년까지 13년간 이행되었지만 감축의무가 일부 선진국에 국한되고, 개발도상국의 온실가스 배출량이 늘면서 근본적인 해결을 위한 새로운 체제에 대한 논의가 이루어졌다.

유엔기후변화협약 (UNFCCC)

유엔기후변화협약(United Nations Framework Convention on Climate Change, UNFCCC)은 기후변화에 관한 국제연합 기본협약

---

29) 1992년 협약당시 OECD 회원국(24개국)과 동구권 35개국, EU로 구성되었으나 제3차 당사국총회에서 5개국(크로아티아, 슬로바키아, 슬로베니아, 리히텐스타인, 모나코)이 추가되었다. OECD 회원국은 다시 부속서 2 국가로 구분돼 개발도상국에 재정 및 기술지원을 요구하고 있다. 일반적으로 부속서 1국가는 선진국, 비부속서 1국가를 개발도상국으로 부른다.
30) 제1차 공약기간 이후 캐나다가 탈퇴하고 일본, 러시아, 뉴질랜드가 2차 공약기간 불참의사를 밝히면서 이 기간 동안 온실가스감축의무를 부담하는 국가의 온실가스배출량은 전 세계 온실가스 배출량의 15%에 불과했다.

이다. 이 협약은 1972년 스톡홀름에서 채택된 국제연합 인간환경회의의 선언의 취지를 살려 기후변화에 관심을 갖고 대기 중 온실가스 농도를 안정화시키는 것이 목적이다. 1972년 로마클럽의 성장의 한계(The Limits to Growth)와 스톡홀름 유엔인간환경회의 선언으로 전 세계가 환경문제에 관심을 갖게 되고 지구온난화에 대한 이슈가 확대되면서 1992년 6월 브라질 리우회의[31]에서 채택되었다. 각국이 참여하는 당사국총회(COP)와 기후변화에 관한 정부 간 협의체(IPCC)가 운영되고 있다. 제1조(정의)는 기후변화를 인간 활동에 직접 또는 간접으로 기인하여 지구대기 구성을 변화시키는 상당한 기간동안 관측된 자연적 기후가변성에 추가하여 일어나는 기후의 변화로 정의하고 있다. 온실가스는 적외선을 흡수하여 재방출하는 천연 및 인공의 기체성 대기 구성물을 말한다. 배출원은 대기 속으로 온실가스, 그 연무질 또는 전구물질을 방출하는 모든 과정 또는 활동을 말한다. 흡수원은 대기로부터 온실가스, 그 연무질 또는 전구물질을 제거하는 모든 과정, 활동 또는 체계를 말한다.

유엔기후변화협약 당사국총회 (COP)

2007년 제13차 기후변화협약 당사국총회(인도네시아 발리)는 교토의정서 1차 공약기간 종료에 대비해 2009년 제15차 당사국총회(덴마크 코펜하겐)에서 2012년 이후 체제를 출범키로 합의했다. 하지만 COP15에서 감축목표와 개도국 지원에 관한 협상이 결렬되고 Post-2012 체제 출범이 좌초되면서 2010년 제16차 당사국총회(멕시코 칸쿤)에서 2020년까지 선진국과 개도국이 자발적으로 온실가스감축을

---

[31] 브라질 리우데자네이로에서 열린 UN 환경개발회의(United Nation Conference on Environment and Development, UNCED)

이행키로 합의했다. 2011년 제17차 당사국총회(남아프리카공화국 더블린)는 교토의정서가 만료되는 2020년 이후 모든 당사국에 적용될 신기후체제 수립을 위한 더반플랫폼 출범을 합의하고 2015년까지 협상을 완료하기로 했다. 2012년 제18차 당사국총회(카타르 도하)는 교토의정서 공약기간을 2013년부터 2020년으로 설정하는 개정안을 채택했다. 일본, 러시아, 캐나다, 뉴질랜드는 제2차 공약기간 불참을 선언했다. 2013년 제19차 당사국총회(폴란드 와르샤와)는 모든 당사국이 지구 평균기온을 산업화 이전 대비 2℃ 이내로 억제하기 위해 2020년 이후 온실가스감축 목표를 자체적으로 결정하여 2015년 제21차 당사국총회(COP21, 파리) 이전에 제출토록 합의했다. 결과적으로 세계 온실가스 배출량의 95% 이상을 차지하는 184개국이 국가별 기여방안(Intended Nationally Determined Contributions, INDCs)[32)]을 제출했다.

[32)] 파리협정이 채택되기 이전에 제출한 것을 I(Intended)NDC라고 하고, 채택 후 제출한 것은 NDC라고 한다.

2. 지구 평균기온 1.5℃ 제한, 신(新)기후체제 파리협정

파리협정(Paris Agreement)은 국제사회가 기후변화대응에 공동으로 노력하는 중요한 계기가 되었다.[33] 이 협정은 2015년 12월 12일, 프랑스 파리 르 부르제에서 열린 기후변화협약 제21차 당사국총회에서 채택된 신(新) 기후체제이다. 기후변화문제에 대한 공통된 인식과 해결을 위해 1992년 5월 9일 미국 뉴욕에서 채택한 유엔기후변화협약(UNFCCC, United Nations Framework Convention on Climate Change, UNFCCC) 하부조약으로 기존 교토의정서를 대체한 2020년 이후를 대비한 조약이다. 채택에서 발효까지 8년의 시간이 걸린 교토의정서와는 달리 파리협정은 2015년 12월 12일 제21차 당사국총회에서 채택된 후 11개월만인 2016년 11월 4일 발효되었다. 파리협정은 전 지구 온실가스 배출량의 55%를 차지하는 55개 이상 협약 당사국이 비준에 참여하면 발효된다. 제1차 파리협정 당사국회의(Conference of the Parties serving as the meeting of the Parties to the Paris Agreement, CMA)는 2016년 11월 모로코 마라케시에서 열린 제22차 당사국총회에서 개최되었다. 당사국총회(COP)는 기후변화협약의 최고의사결정기구로 매년 말 개최되는데, 이때 교토의정서와 파리협정 총회도 개최된다. 파리협정은 지구평균기온을 산업화 이전 대비 2℃보다 현저히 낮은 수준(well below)을 유지하고, 1.5℃ 이하로 제한하는 것을 목표로 한다. 이 협약은 산업화 이전의 시점을 구체적으로 명시하고 있지는 않지만 기후변화에 관한 정부 간 협의체(Intergovernmental Panel on Climate Change, IPCC)는 체계적인 지구 평균기온 분석을 위해 1850년부터 1990년까지 기간을 지구

---

[33] 환경부, 파리협정 함께보기(2022.3.31) 발간등록번호 11-1480000-001814-01

평균기온 기준 값으로 사용하고 있다. 즉, 2℃ 목표는 산업화 이전과 비교해 지구 평균기온이 2℃ 이상 상승되지 않도록 온실가스 배출량을 줄이는 것이다. 또한 온도 상승으로 인한 해수면 상승으로 존폐위기에 처한 작은 섬나라들의 요구로 1.5℃ 상승 억제를 위해 노력한다는 목표도 반영되었다. 모든 당사국은 2020년부터 매 5년마다 각국의 중기 온실가스감축 목표가 담긴 국가결정기여(NDC)[34]를 제출해야 한다. 이에 따라 제26차 당사국총회는 세계 각국의 NDC이행 기간을 단일화시킬 목적으로 모든 당사국이 차기 NDC제출시한인 2025년에 2035년 NDC목표를 제출하는 결정문을 채택했다. 또한 파리협정의 장기 온도목표 달성을 위해 장기 온실가스 저배출 발전 전략(Long-term Greenhouse Gas Emission Development Strategies, LEDS)을 수립해 2020년까지 제출키로 했다. 우리나라도 2020년 12월 30일 2050년까지 탄소중립 목표를 장기비전으로 제출했다.

---

[34] 파리협정 제3조에 규정된 국가결정기여(Nationally determined contribution,NDC)는 장기 온도목표 달성을 위해 세계 각 국이 스스로 결정하여 제출한 기후변화 대응 및 온실가스 감축목표이다. 즉, 국가별 장기 저탄소 발전전략의 구체적인 이행계획이다. NDC는 가장 높은 수준의 목표를 반영하고, 차기 NDC는 기존 NDC보다 진전된 목표이어야 한다. 국가 전체를 포함하는 절대량 감축목표를 설정하는 것을 지향하고 있다.

교토의정서와 파리협정 차이점 비교[35]

교토의정서	구 분	파리협정
온실가스 배출량 감축 (1차: 평균 5.2%, 2차: 평균 18%)	목 표	산업화 이전 대비 지구평균기온 2℃보다 현저히 낮은 수준 유지 및 1.5℃상승억제 노력
주로 온실가스 감축에 초점	범 위	온실가스 감축만이 아니라 적응, 재원, 기술이전, 역량배양, 투명성 등을 포괄
주로 선진국 ☆	감축의무국가	모든 당사국
하향식	목표설정방식	상향식
기준연도 배출량 및 국별 여건 고려	목표설정기준	진전원칙(다음 NDC는 현재 NDC보다 높은 수준으로 설정)
징벌적 (미달성량의 1.3배를 다음 공약기간 할당량에서 차감)	목표불이행시 징벌여부	비징벌적
공약기간에 종료시점이 있어 지속가능한지 의문	지속가능성	종료시점을 규정하지 않아 지속가능한 대응 가능
국가 중심	행 위 자	다양한 행위자의 참여 독려

☆ **교토의정서에 따른 의무 감축국가**[36]
호주, 오스트리아, 벨라루스, 벨기에, 불가리아, 크로아티아, 키프로스, 체코, 덴마크, 에스토니아, 유럽연합, 핀란드, 프랑스, 독일, 그리스, 헝가리, 아이슬란드, 아일랜드, 이탈리아, 카자흐스탄, 라트비아, 리히텐슈타인, 리투아니아, 룩셈부르크, 몰타, 모나코, 네덜란드, 노르웨이, 폴란드, 포르투갈, 루마니아, 슬로바키아, 슬로베니아, 스페인, 스웨덴, 스위스, 우크라이나, 영국 총 38개국[37]

---

[35] 환경부, 한국환경공단 파리협정 함께보기(2022.3)
[36] 교토의정서 제2차 공약기간에 대한 도하개정문 부속서 B국가
[37] 협약 부속서 1국가 43개국 중 미국(교토의정서 미비준)과 캐나다(교토의정서 탈퇴), 일본·뉴질랜드·러시아(2차 공약기간 미참여)

2016년 11월 파리협정 1차 회의(COP22)가 열린 역사적인 현장에 서울특별시 녹색서울시민위원회 민간위원 자격으로 참가했다.

2016년 모로코 마라케시에서 열린 제22차 기후변화협약 당사국총회(제1차 파리협정 당사국회의) 참가자들이 기후정의, 화석연료 자금지원 중단을 요구하고 있다.

3. 석탄발전 단계적 감축을 선언한 글래스고 기후합의

제26차 기후변화협약 당사국총회는 특별했다. 2020년 초부터 전 세계를 덮친 코로나19 여파로, 회의가 한해 연기돼 2021년 10월에 개최되었다. 아직 코로나가 종식되기 전이라 많은 나라에서 회의 참석 여부가 불투명했지만 194개국에서 23천여 명이 참여한 것으로 알려졌다. 영국 글래스고에서 열렸는데 우리 정부도 관련 부처와 시민사회 등이 참가했다. COP26은 그동안 논란의 중심에 있었던 석탄 폐지가 핵심 이슈였다. 글래스고 기후합의(Glasgow Climate Pact)라 부르는 회의 결과는 몇 가지 중요한 의미를 담고 있다. 우선, 당시 UNFCCC 사무국이 발간한 NDC 종합보고서에 따르면, 각국이 제출한 NDC를 모두 이행하더라도 2030년에는 2010년 대비 온실가스 배출량이 오히려 15.9% 증가할 것으로 나타나 2022년까지 파리협정 1.5℃ 목표에 부합하도록 2030년 목표를 재검토하고 NDC를 상향 제출할 것을 촉구했다. 또한 지구 평균기온을 산업화 이전 대비 2℃ 보다 현저히 낮은 수준으로 유지하고, 1.5℃ 상승 억제를 위해 노력한다는 점을 재확인하고, 저감장치 없는 석탄발전소의 단계적 감축을 결정했다. 중국과 인도 등 주변국의 반대로 석탄발전의 단계적 폐지는 아니지만, 온실가스의 주된 배출원이자 대표적인 화석연료인 석탄에 대한 국제사회 우려가 현실로 받아들여지고 합의되었다는 점에서 진일보한 결정이었다. 또한, 화석연료 보조금의 단계적 폐지를 위한 노력, 2030년까지 메탄 등 비이산화탄소 온실가스감축 검토, 선진국 지원 확대, 금융기구와 민간의 기후재원 조성 등도 주요 결정사항이다. 알려진 세부 내용에 따르면, 석탄화력발전소의 점진적 폐지에 65개국이 동참했고 2030년까지 산림손실과 토지 황폐화를 중단하겠다는 서약에 전 세계 산림의 90%를 차지하는 130여 개국이 동참했다. 2040년까지 판매되는 신규 승용차와 승합

차의 온실가스 무배출화 목표에 30여 개국이 참여했다. 영국은 2030년까지 신규 휘발유 및 경유 차량 판매 중단을 선언했다. 당시 우리나라는 문재인 대통령이 참석해 2030 NDC를 상향해 2018년 대비 40% 이상 온실가스를 감축하겠다고 밝혔다. 이는 종전 목표보다 14% 상향한 목표이다. 또한 2050년까지 모든 석탄 발전을 폐지하겠다고 밝혔다.

4. 글로벌 공급망 관리와 기후장벽

기업이 자국만이 아니라 글로벌 시장에서 살아남기 위해서는 공급망의 철저한 관리가 필요하다. 기후위기라는 불확실한 미래를 대비한 글로벌 기준과 규제가 강화되고 이로 인해 국가 간 진입장벽이 높아지고 있기 때문이다. 유럽 공급망 실사법이 대표적이다. 유럽의 경우 기업의 지속가능한 공급망 실사지침(Corporate Sustainability Due Diligence Directive, CSDDD)이 유럽의회를 통과해 2027년부터 기업 규모에 따라 순차적으로 시행된다. 이 지침은 전 공급망에 걸쳐 기업 활동이 인권과 환경 등에 미치는 요소를 실사한다. EU 내 특정기업은 물론 그 기업에 연결된 협력업체의 인권 및 환경 등의 침해 여부도 조사하고 문제가 확인되면 조치를 취하고 그 내용을 공시하도록 하는 내용이다. 공급망의 최상위층인 기업이 인권, 환경, 산업안전, 보건 등의 침해에 대한 법적 책임을 하위 협력업체에 떠넘기면서 많은 피해가 발생하고 있기 때문이다.

그동안은 국제사회가 기업 책임경영을 위한 OECD 실사 지침(2018년 경제개발협력기구), ILO 다국적 기업과 사회정책 원칙에 관한 삼자선언(1976년 국제노동기구), 2000년 UN 글로벌콤팩트(UN 인권경영) 등을 통해 노력해 왔지만, 법적 구속력이 없는 권고사항에 불과해 실효성이 없었다. 하지만 이제는 기업의 생산 공정 전반에 걸쳐 인권과 환경 분야 등의 실사를 의무화한다. 주요 실사 항목은 국제인권협약 위반사항, 생물다양성과 화학물질, 유해폐기물 등의 위반사항, 기후변화전략 등이다. 유럽 기업은 직원 수 1천명 이상, 전 세계 매출액이 4억 5천만 유로 이상일 경우, 역외 기업은 유럽연합의 매출액이 4억 5천만 유로를 넘는 경우가 적용대상이다. 당장 국내 대기업은 직접적인 영향을 받을 것으로 예상된다. 기업은 공급망 내 인권과 환경 관련 부정적인 요인을 자체 평가하고 예방, 완화, 제거 조치를 이행해야 한다. 이 지침은 유럽연합 장관급 이사회의 최종 승인을 거치면 발의되는데, 유럽연합 회원국들은 2년 안에 관련 국내법을 제정해야 한다. 2027년부터 단계적으로 시행해 2029년부터는 실사 내용이 공시되고 규정을 위반할 경우 과징금을 받게 된다. 그동안 법적 구속력이 없었던 공급망 관리가 법제화되고, 점점 더 강화될 전망이다. 프랑스의 기업경계 의무법, 독일의 공급망 실사법 등 자국의 입장에서 한층 강화된 공급망 관리 제도도 있다. 이러한 법들은 비록 자회사가 해외에 있더라도 본사에서 실사 조치를 할 것을 명시하고 있고, 본질적으로 공급망에 대해 책임을 다하도록 하고 있다. 이런 맥락에서 앞으로 기업은 공급망 관리가 한층 강화되는데 ESG경영에 대한 의무를 다하지 않으면 소송에 휘말리거나 이미지에 심각한 타격을 받게 된다.

공급망과 Scope3

Scope3 측정 가이드북(사회적가치연구원·탄소중립연구원, 2023.11.30)에 따르면 "Scope3은 기업의 활동으로 인해 발생하는 모든 직·간접적인 배출량 중 Scope1과 Sscope2에 의한 배출량을 제외한 것을 포함한다. 그 중에서 기업이 돈을 지불하고 사용하는 것과 관련된 모든 것을 업스트림(Upstream), 기업이 돈을 제공받아 판매하는 것과 관련된 모든 것을 다운스트림(Downstream)이라고 하는데 기업의 활동으로 발생하는 Scope3 배출량은 총 15개 카테고리로 분류된다." 업스트림이 구매와 운송 등의 공정과정에서 발생하는 배출량이라면 다운스트림은 판매와 관련된 배출량이다. 기업의 가치사슬 즉, 공급망과 관련한 온실가스를 산정하는 것이 Scope3이기 때문에 기업은 생산, 구매, 유통, 판매에 이르기까지 가치사슬 전반에 대한 관리가 필요하다. 기업 입장에서는 본사만이 아니라 자회사, 이와 연결된 공급망을 관리해야 하는 어려움이 있지만, 이를 이행하지 않으면 국제적으로 글로벌한 성장이 어렵고 장기적으로 지속가능한 경영이 어렵다.

업스트림	다운스트림
1. 구매한 상품과 서비스	9. 다운스트림 운송 및 유통
2. 자본재	10. 판매제품의 가공
3. 연료 및 에너지 관련 활동	11. 판매제품의 사용
4. 업스트림 운송 및 유통	12. 판매제품의 폐기
5. 사업장 발생 폐기물	13. 다운스트림 임대 자산
6. 구성원 출장	14. 프랜차이즈
7. 구성원 통근	15. 투자
8. 업스트림 임차 자산	

출처: 사회적가치연구원·탄소중립연구원 Scope3 카테고리 목록

5. 앞서가는 유럽의 기후정책

그동안 유럽은 선도적으로 기후정책을 추진해 왔다. 유럽연합(EU)이 주도하는데, EU는 92년 리우환경회의와 기후변화협약, 97년 교토의정서 채택 등 온실가스감축에 대한 국제사회 흐름을 주도하면서 2001년 교토의정서 주요 내용인 배출권거래제 도입을 결정하고 2005년 세계 최초로 탄소배출권거래제도(EU Emission Trading System)를 도입했다. 2015년 파리협정 이후에는 구체적인 이행을 위해 2019년 12월 유럽 그린딜 정책을 발표했다. 2030년 유럽의 온실가스 배출량을 1990년 대비 55% 줄이고, 2050년 기후중립을 달성하겠다는 계획이다. 이에 따라 2050년까지 EU경제는 온실가스 배출제로 경제전환을 최상위 목표로 에너지 탈탄소화 산업육성과 순환경제 구축, 운송·건축 에너지 효율성 강화, 식품안전 및 생물다양성 보호 등 그린딜(Green Deal)을 추진하고 있다. 또한 2020년 3월 그린딜의 법적 근거인 유럽 기후법을 제정하고, 구체적인 이행을 위해 2021년 7월 14일, 13개의 그린딜 추진 입법안 패키지, 이른바 핏포 55(Fit for 55)[38] 정책을 발표했다. 탄소국경세인 탄소국경조정제도(Carbon Border Adjustment Mechanism, CBAM)와 녹색분류체계인 택소노미(taxonomy) 등도 이 무렵을 전후해 발표하면서 전 세계 기후정책을 선도하고 있다.

전 세계 최초로 도입한 탄소배출권 거래제도

탄소배출권 거래제도는 온실가스 배출량을 감축하기 위한 유엔기후변화협약 교토의정서의 주요내용이다. 2005년 유럽연합이 처음 도입했

---

[38] Fit for 55: 유럽 그린딜(European Green Deal) 목표를 달성하기 위해 2030년까지 탄소배출량을 1990년 대비 55% 감축한다는 의미이다.

다. 온실가스 배출권을 할당해 할당 범위 내에서 배출을 허용하고 잉여분 또는 부족분을 타 기업과 상호간 거래하는 방식이다. EU는 배출권거래제를 통해 회원국의 온실가스 배출량을 규제하고 탄소배출량을 줄이고 있다. 당시 EU는 온실가스 배출량을 1990년 대비 2020년까지 20%, 2030년까지 40% 감축을 목표로, 배출권거래제를 통해 상당 부분 관리할 계획이었다. 제도 시행 초기부터 2012년까지는 무상으로, 2013년 이후부터는 유상할당(경매)[39]을 원칙으로 하고 있다.

새로운 기후장벽이라 불리는 무역관세, 탄소국경세

탄소국경조정제도(Carbon Border Adjustment Mechanism, CBAM)는 이산화탄소 배출 규제가 약한 국가가 강한 국가에 상품 서비스를 수출할 때 적용받는 무역관세로, 탄소의 이동에 관세를 부과하는 조치를 말한다. 수입품을 대상으로 해당 상품을 생산하는 과정에서 배출된 탄소량을 따져 비용을 부과하는 것으로 사실상의 추가관세이며, 미국과 유럽연합이 주도적으로 추진하는 새로운 관세 형태이다. EU는 이른바 핏포 55(Fit for 55)를 발표하면서, 탄소국경조정제도(CBAM) 도입을 포함시켰다.

EU 역내로 수입되는 제품 가운데 자국 제품보다 탄소배출이 많은 제품에 대해 비용을 부과하는 조치이다. 즉, 생산과정에서 배출한 탄소량을 확인하고 EU에서 생산된 동일 품목이 부담하는 탄소 가격과 동일한 탄소 가격을 EU 수입자에게 부과한다. EU는 2023년부터 전기, 시멘트, 비료, 철강, 알루미늄, 화학물질-수소 등 탄소배출이 많은 6개 품목에 CBAM을 시범 시행한 뒤 2026년부터 본격 시행한다. 이후에는 정유

---

39) 유상할당은 할당된 배출권을 정부가 정한 일정한 경매 방식을 통해 일부 또는 전부를 판매하는 방식이고, 무상할당은 정부가 배출권거래제 대상업체에게 무료로 배출권을 부여하는 방식이다.

와 유기화학도 대상 범주에 포함될 가능성이 높다. '핏포55' 목표를 달성하려면 친환경 기술에 대한 업계의 투자가 필요하며 오염원 배출 기업에게 더 높은 탄소 비용을 부과해야 한다. 이에 따라 EU 기업과 해외 업체에 동일한 탄소 비용을 부과함으로써 '기울어지지 않은 운동장'을 만드는 것이 탄소국경조정제도의 취지이다.

녹색경제활동의 새로운 기준을 제시한 EU 택소노미

EU 택소노미(EU Taxonomy)[40]는 EU내에서 기업의 활동과 관련한 녹색분류체계를 의미한다. 즉, 기업의 지속가능한 경제활동 기준이다. 지난 2018년 3월 EU의 지속가능금융 행동계획(Action Plan on Sustainable Finance)에 따라 2019년 12월 EU 의회와 이사회가 채택한 EU 택소노미 규정을 근거로 한다.

녹색경제 활동이 무엇인지를 제시함으로써 기업들이 환경과 기후목표에 부합하는 활동을 하도록 유도하고, 이를 강제하기 위해 지속가능한 녹색금융 투자를 촉진하기 위한 것이다. 강제적인 조치는 아니지만 기업들이 이를 이행할 경우 인센티브를 제공받게 되고, 자발적 투자를 증대시키는 효과가 있다. 결국 택소노미는 기업의 녹색경제 활동의 판단기준이 되기 때문에 투자의사 결정에 활용되고, ESG 정보공시 항목으로 기업평가에도 활용된다. EU 택소노미 규정은 기본적으로 6가지 환경목표와 4가지 조건을 제시하고 있다. 첫째. 기후변화완화(Climate change mitigation), 둘째. 기후변화적응(Climate change adaptation), 셋째. 수자원과 해양자원의 지속가능한 이용 및 보호, 넷째. 순환 경제(Circular economy), 다섯째. 오염방지 및 관리, 여섯

---

40) 택소노미는 고대 그리스어 taxis(배치)와 nomia(방법)을 결합하여 만든 것이다.

째. 생물다양성과 생태계보호 및 복원 그리고, 이를 위해 하나 이상의 환경목표 달성에 상당한 기여를 할 것. 다른 환경목표에 의미 있는 피해를 주지 않을 것(Do No Significant Harm; DNSH), 최소한의 사회적 안전조치를 준수할 것(Minimun social safeguards), 기술선별 기준에 부합할 것(Technical Screening Criteria; TSC) 등이다. EU 택소노미는 앞으로 투자의 중요한 지침서로 활용될 전망이다. 여기에서 핵심은 원자력과 천연가스(LNG)이다. 천연가스는 온실가스 배출량이 석탄의 1/2 수준에 이르는 화석연료이지만 탄소중립으로 전환하는 과정에서 효과적으로 대응하는데 도움이 된다는 차원에서, 원자력은 중·저준위 폐기물 처분시설과 고준위 방사성 폐기물 처분시설에 대한 운영계획 등 여러 조건을 충족해야 한다는 차원에서 논란 끝에 2022년 7월 유럽의회와 이사회에서 최종적으로 승인되어 2023년부터 적용되고 있다. 다만 지난 2020년 3월 당초에는 천연가스와 원자력은 빠져있었다. 최종적으로 EU는 천연가스는 전력생산에서 발생하는 배출량이 $100gCO_2e/kWh$이거나 2030년까지 건축허가를 받은 경우 온실가스 직접배출량이 $270gCO_2e/kWh$ 이내 등을, 원자력은 방사성 폐기물 관리기금과 원전 해체기금 보유, 중저준위 폐기물 최종 처분시설 보유와 운영, 2050년까지 고준위 방사성 폐기물 처분시설 운영계획 수립 등의 인정기준을 제시했다. 현재 우리나라는 지난 2021년 12월에 한국형 택소노미를 마련했는데 논란이 되었던 원자력이 빠졌지만 포함여부가 중요 이슈로 남아 있다.

우리나라 배출권거래제(K-ETS)

정부는 2009년 국가 온실가스감축[41)]을 목표로 2010년 법적 근거인 저탄소녹색성장기본법을 제정했다. 이에 따라 2012년 온실가스 배출권의 할당 및 거래에 관한 법률을 제정하고, 2015년 1월부터 전국 단위 배출권거래제를 도입했다. 현재 1기(2015~2017년)와 2기(2018~2020년)에 이어 3기(2021년~2025년) 국가 배출권거래제가 운영중에 있다. 문제는 유럽연합 배출권이 우리나라에 비해 비싸다는 점이다. 올해 2월 기준으로 우리나라는 1톤당 9천원에 가깝지만 유럽연합은 56유로, 약 8만원에 육박한다. 이럴 경우 탄소국경조정제도가 시행되면 해당항목을 유럽으로 수출하는 기업은 그만큼 추가비용을 지불할 수도 있다. 유럽연합에 이어 영국도 2027년부터 영국판 탄소국경조정제도(UK CBAM)을 시행한다. 우리나라는 배출권거래제를 통해 국가 온실가스 배출량의 73.5%를 담당하고 있다. 지난 2021년 환경부가 발표한 제3차 계획기간(2021~2025) 국가 배출권 할당계획에 따르면 제2차 계획기간(2018~2020년) 70.2%에 비해 배출권거래제가 차지하는 온실가스 배출량의 비중이 늘어났다. 업종도 교통, 건설업이 추가되면서 적용대상이 62개 업종, 589개 업체에서 69개 업종 685개 업체로 확대되었다. 2차 할당 계획에서 처음 도입한 유상할당은 3%에서 10%로 비중이 늘었다.

---

41) 당시 2020년 배출전망치 7.76억 톤 대비 30% 감축한 5.43억톤이 목표였다.

미국의 청정경쟁법 도입

지난 2022년 6월 미국은 탄소국경세 일환으로 청정경쟁법(Clean Competition Act)을 발의했다. 화석연료, 알루미늄, 철강, 시멘트, 석유화학, 석유정제, 비료, 유리, 제지 등 12개 수입 원자재에 1톤당 55달러의 탄소세를 부과하고 향후 수입 완제품까지 확대 적용할 계획이다. 탄소 배출량이 많은 제품을 제조하는 국가를 대상으로 하고 올해부터 도입될 전망이다.

6. 탄소중립산업과 보호무역주의

미 백악관 IRA(Inflation Reduction Act) 가이드라북 설명자료에 따르면, 지난 2022년 8월 16일 바이든 대통령은 인플레이션 감축법에 서명하여 미국 역사상 의회가 청정에너지와 기후변화에 대해 취한 가장 중요한 조치를 법으로 제정했다고 밝혔다. 또한 대통령이 기후위기의 실존적 위협에 맞서 미국의 리더십을 재정의하고 소비자 비용을 낮추고 글로벌 청정에너지 경제를 발전시키기 위한 미국의 혁신과 독창성의 시대를 열었다고 설명하고 있다. 이 법안에 따르면 3,700억 달러를 투자해 가정과 소규모 기업의 에너지비용을 낮추고, 깨끗한 에너지 솔루션에 대한 민간투자 활성화, 광물에서 효율적인 전기제품에 이르기까지 공급망 강화, 양질의 일자리와 새로운 경제적 기회를 창출할 계획이다. 이를 위해 전력망 현대화, 전기자동차 충전기 네트워크 구축, 배터리 공급망 강화, 대중교통 및 여객철도 확충, 새로운 청정에너지 투자와 배출감소기술, 물리적 및 자연시스템 복원력 향상, 기존오염원 해결 등을 추진한다. 이 법안이 통과되면서 양당 인프라법 및 기타 조치와 함께 2030년까지 경제 전반의 온실가스 배출량을 2005년 수준보다 40% 줄일 것으로 추정한다. 청정에너지, 청정 차량, 청정 건물, 청정 제조업의 보급을 가속화할 수 있는 약 24개의 세금조항이 포함되어 있다. 관련 산업 전반에 세액공제와 산업보조금을 지급한다. 하지만, 이 법은 미국의 자국 산업 보호를 위한 조치로도 평가받고 있다. 미국 현지 생산과 부품사용에 대한 제한이 있기 때문이다. 국회입법조사처 자료에 따르면[42] 전기차는 북미에서 최종 조립하였다는 것을 전제로 하고, 핵심 광물은 요건을 충족할 경우 최대 $3,750 세액공제를 제공한

---

[42] 국회입법조사처, 이슈와 논점, '미 IRA 시행 후 1년 반 경과, 평가와 정책과제: 전기자동차, 배터리를 중심으로', 박누리, 2021.3.19. 제2215호.

다. 배터리 부품은 요건을 충족할 경우 $3,750를 제공한다. 지난 6월 유럽연합도 유럽판 IRA라 불리는 탄소중립산업법(Net Zero Industry Act)을 제정했다. 이 법은 탄소중립 기술 및 핵심 부품에 대한 유럽의 제조역량을 강화하여 EU내 생산 확대 장벽을 해소하고 EU내 청정기술에 대한 시장 접근성을 개선하는 것을 목표로 한다. 2030년까지 넷제로 제조용량이 EU 연간 요구의 최소 40%를 충족하도록 목표를 설정하고 연간 최소 5,000만톤의 CO_2저장 용량을 의무화한다. 다만 이 역시 제3국의 기술이나 관련 부품의 EU내 공급을 일정 정도 제한하고 있다. 우리나라도 현재 탄소중립 산업육성 및 경쟁력 강화에 관한 특별조치법안이 심사 중이다. 국회자료에 따르면, 미국이나 EU 등이 추진하는 기후 위기에 따른 보호무역주의 관련법은 수출주도형 경제성장을 추진해 온 우리나라에는 큰 타격이 될 수 있고, 국내기업이 시장확대를 위해 해외투자를 우선시할 경우 국내고용은 악화되고 국내산업은 공동화될 수 있다는 것이 취지이다. 또한 지난 2022년 9월 25일부터 시행된 기후위기대응을 위한 탄소중립·녹색성장기본법의 실효적 이행을 위해 탄소중립산업의 지원 강화와 투자촉진이 필요하다는 것이다. 세부적으로 기후대응기금이나 전력산업기반기금 등 특별회계 또는 기금을 통한 재원조달, 탄소중립산업 조세감면 및 규제개선, 탄소중립위원회 운영 등의 내용을 담고 있다. 기후 위기 시대 국제사회가 각국의 2050 탄소중립 달성을 이유로 자국의 산업을 보호하고 육성하기 위한 제도적 장치를 강화되고 있다. 이에 따라 자국산업을 보호하기 위한 정부의 발빠른 대응과 민관협력이 요구되고 있다.

제4장
정보공시를 촉진하는 이니셔티브

1. 기후변화 이니셔티브

파리협정의 지구 평균기온 1.5℃ 제한 목표를 달성하기 위해서는 2019년 대비 2030년까지 전 세계 온실가스 배출량을 최소 43%, 2035년까지 최소 60%를 줄여야 한다는 IPCC 제6차 평가보고서는 기후위기의 심각성을 잘 설명해 주고 있다. 이와 관련한 이니셔티브가 있다. 탄소정보공개 프로젝트인 CDP가 2000년 초반부터 활동하고 있고, 기후관련 재무공개 태스크포스(TCFD)와 과학기반 감축목표 이니셔티브(SBTi)는 파리협정이 체결된 2015년 무렵부터 활동하고 있다. 이들 이니셔티브의 주된 목적은 정보공개, 공시를 위함이다. 기업으로 하여금 기후관련 정보를 공개하게 함으로써 기업의 자발적인 온실가스 감축을 이끌어내겠다는 것이다. 기업이 기후문제를 예방하고 해결하는데 예산을 얼마나 집행하는지, 2050 탄소중립 달성을 위해 중장기, 단기적 목표를 제대로 수립하고 이행하고 있는지 등을 작성케 하고 평가하는 방식이다. 시간이 지날수록 평가기준과 내용이 강화되고 있다. 국내 기업도 이들 이니셔티브 가입이 늘고 있다. 기업의 입장에서는 기업의 이미지 제고를 위한 객관적인 안전장치이고, 투자유치를 위한 보증으로 인식되고 있다.

탄소정보공개 프로젝트 (Carbon Disclosure Project, CDP)[43]

기후변화에 관심을 갖고 정보공개를 요구하는 대표적인 이니셔티브가 탄소정보공개 프로젝트이다. 연간 매출액이 5천만 달러 이상인 모든 상장기업, 연간 5천만 달러 이상의 수익을 창출하는 모든 상장기업, 연

---

43) Carbon Disclosure Project 홈페이지

간 5억달러 이상의 수익을 창출하는 모든 사모 회사채 발행사 등이 대상이다. 환경적으로 영향이 크다고 판단되는 기업도 포함된다.[44)] 대상기업은 CDP로부터 관련 정보를 공개하라는 질의서를 받는다. 만약 이 질의서에 불성실하게 답변하거나 답변을 거부하면 낙제점수인 F점수를 받는다. CDP는 2002년부터 매해 전 세계 기업에게 정보공개를 요청하는 서한을 발송하고 있는데 올해에는 자산 총액 142조 달러 이상을 대표하는 700개 이상의 자본시장 서명기관이 CDP의 서한을 지지하여 전 세계 3만개 이상의 기업에 환경정보를 요청했다. 설립 초기 기업이 기후에 미치는 영향을 공개하도록 요청한 '탄소정보공개 프로젝트'를 시작으로 삼림 벌채, 수자원 안보, 생물 다양성, 플라스틱, 해양 영역으로 공개범위를 확대했다. 기업에 대한 질의서 회신의 결과로 Disclosure(정보공개), Awareness(인식), Management(경영), Leadership(리더십) 등 4단계로 구분해 평가하고 등급을 부여한다.[45)] 이해관계자는 기업의 거버넌스 및 정책, 리스크 및 기회 관리, 환경목표 및 전략, 시나리오분석 등 주요 정보를 볼 수 있다. 기업 스스로 기후변화 등 환경에 미치는 영향을 측정하고 행동하게 함으로써 지속가능한 경제를 구축하는데 중점을 두고 있다.

---

44) CDP Capital Markets Request(2024 Sample Methodology): What criteria is used to select companies?
45) 기후변화대응 수준 평가를 위한 충분한 정보를 제공하지 않은 경우 F를 부여하는 등 A에서 D-까지 9단계로 구성되어 있다.

기후관련 재무정보공개 태스크포스 (Task Force on Climate-related Financial Disclosure, TCFD)[46]

2015년 4월 G20 재무장관과 중앙은행 총재회의[47]에서 금융안정위원회(Financial Staility Board, FSB)[48]에 금융부문에서 기후변화 이슈를 적용할 수 있는 방안을 요청하면서 설립되었다. 2015년 12월 마이클 블룸버그를 위원장으로 32명의 금융 및 비재무정보 전문가가 참여했다. 2017년 7월 독일 본에서 열린 G20정상회담에서 재무보고 중심의 기후변화 관련 정보공개 프레임워크인 TCFD 권고안을 처음 발표했다. 이 권고안은 기업의 기후변화 관련 위험과 기회의 영향을 재무적으로 측정해 공시하는 프레임워크[49]이다. 공시 항목은 기후변화 관련 위험과 기회에 대한 지배구조, 전략, 리스크 관리, 평가지표와 감축목표 등 4가지로 이루어져 있다. 기업은 해당 권고안 작성을 통해 관련 정보를 공개함으로써 투자자와 이해관계자의 투자의사 결정을 돕는다.

---

[46] 기후변화대응 수준 평가를 위한 충분한 정보를 제공하지 않은 경우 F를 부여하는 등 A에서 D-까지 9단계로 구성되어 있다
[47] 1997년 아시아 외환위기 이후 국제금융시장 안정을 위한 협의체의 필요성이 대두되어 1999년 9월 G7재무장관회의에서 G7국가와 주요 신흥 시장국이 참여하는 G20 출범에 합의하고 그해 12월 독일에서 제1차 회의를 개최했다. G7, 러시아, 한국, 중국, 인도, 인도네시아, 호주, 브라질, 멕시코, 아르헨티나, 남아공, 사우디, 터키, EU의장국, IMF, IBRD, 유럽중앙은행, 국제통화금융위원회(IMFC) 등이 참여한다.
[48] 금융안정위원회는 1998년 세계 금융시장을 안정시킬 목적으로 설립된 금융안전포럼을 2009년 4월 2일 영국 런던에서 열린 G20 정상회의에서 확대 개편한 국제기구로 각국의 중앙은행과 재무부, 금융감독기구 등이 회원기관으로 참여하고 있다. 우리나라는 한국은행과 금융위원회가 참여한다. 1997년 아시아 금융위기 이후 G7 국가들이 금융위기 예방과 대응 방안을 모색하면서 출발한 국제기구이다.
[49] 특정 목표를 달성하기 위해 사용하는 일련의 체계적인 방법이나 절차, 2000년에 설립된 CDP의 기업 질의서를 벤치마킹해 개발했다.

과학기반 감축목표 이니셔티브 (Science-based Target Initiative, SBTi)[50]

2050년까지 탄소중립, 즉 순배출 제로(Net-Zero)를 달성하는데 과학적 기반을 바탕으로 온실가스 배출 감축 목표를 설정할 수 있도록 지침과 기준 등을 제공한다. CDP와 유엔글로벌콤팩트(UNGC), We Mean Business Coalition, 세계자연연구소(WRI), 세계자연기금(WWF)이 공동으로 2015년에 설립했다. 2023년 말까지 4,000개 이상의 기업과 금융기관이 배출량 감축 목표를 설정하고 SBTi의 검증을 받아 넷제로를 실천하고 있다. 2030년까지 배출량을 절반가량 줄이라는 단기 과학기반 목표설정, 2050년까지 가능한 모든 배출량(보통 90% 이상)을 줄이는 장기목표 설정, 이후 영구적인 탄소 제거 및 저장을 통해 제거할 수 없는 최종 10% 이상의 잔류 배출량 상쇄 계획, 장단기 과학기반 목표 외에도 가치사슬 외부의 배출량을 줄이고 제거하는 조치에 대한 투자 등 기업의 넷제로 달성을 위한 표준(Corporate Net-Zero Standard)을 제공하고 있다.

TIP) 이니셔티브는 뭘까?

이니셔티브(initiative)는 일반적으로 '주도권'의 의미로 알려져 있는데, 특정한 문제의 해결이나 목적을 달성하기 위한 새로운 계획(프로젝트)이나 결단력(행동)을 의미하기도 한다. 대표적으로 PRI, TCFD, SBTi, ISO와 같은 프레임 워크, CDP, DJSJ, MCSI와 같은 평가기관, GRI, ISSB, SASB와 같은 지속가능성 공시기준 등이 이와 관련된 의미를 갖고 있다. 이들 이니셔티브는 기후변화, ESG 등의 지표를 개발하

---

50) Science-based Target Initiative 홈페이지

고 발표하면서 관련 이슈에 대한 논의와 실천적 참여를 이끌어 낸다. 그래서, 이들 이니셔티브에 참여하는 기관들은 기후변화와 ESG경영 등의 실행, 목표, 보고, 평가를 위한 기준이나 다름없다.

2. 지속가능성 이니셔티브

우리 사회 지속가능성을 진단하는 대표적인 이니셔티브는 글로벌 보고 이니셔티브(GRI)와 지속가능성 회계기준위원회(SASB)가 있다. 이들 이니셔티브는 목적이 다르지만 상호 보완적으로 활용된다. 모든 이니셔티브가 마찬가지지만 이들 이니셔티브역시 GRI, SASB 등 영어 줄임말이 더 익숙하다.

글로벌 보고 이니셔티브 (Global Reporting Initiative, GRI)[51]

1997년 설립된 GRI는 지속가능성 보고를 위한 글로벌 프레임워크이다. 미국 환경단체 CERES와 유엔환경계획이 참여해 설립했다. 전 세계 100개 이상의 국가, 1만개 이상의 조직에서 GRI 표준에 따라 지속가능경영보고서를 작성하고 있다. 초기에는 기업의 환경적인 책임을 강조하다가 이후 사회, 경제, 거버넌스 영역으로, 2023년부터는 GRI 표준에 인권 공개를 포함한 가이드라인을 마련했다. 2000년에 최초로 지속가능성 보고를 위한 글로벌 프레임워크가 나왔고 민간과 공공, 어느 조직이든 활용할 수 있다. GRI는 100여 개가 넘는 지표들로 구성되어 있는데 모두 의무적으로 보고해야 하는 지표는 아니다. 조직에 따라 중대성 평가[52]를 통해 선택할 수 있다.

---

51) Global Reporting Initiative 홈페이지
52) 중대성 평가(Materiality Test)는 어떤 기업이 주된 이슈를 발굴하고 선정하기 위한 평가를 의미하는데, ESG 관점에서는 일반적으로 사회·환경적 영향과 재무적 중대성을 함께 평가하는 이중 중대성 평가가 알려져 있다.

지속가능성 회계기준위원회 (Sustainability Accounting Standards Board, SASB)[53]

미국 증권거래위원회(SEC)에 보고할 기업의 지속가능경영 공시 가이드라인을 제공하는 이니셔티브이다. 2011년에 설립돼 미국 상장기업을 대상으로 투자의사 결정 시에 활용할 수 있는 지속가능성 회계표준을 제공하기 위해 SASB 표준을 마련했다. 오늘날 지속가능성 문제는 기업의 현금흐름, 금융 접근성, 자본비용에 영향을 미치는 중요한 이슈이다. 따라서 SASB는 중장기 또는 단기적으로 재무적 성과와 연계된 비재무적인 정보인 ESG 요소의 정보공개에 초점을 둔다. 77개 산업별로 재무적 성과와 연계된 지표들을 보고한다. SASB는 기업의 지속가능성과 ESG 공시 프레임워크를 통합하고 지난 2022년 8월부터 국제회계기준(International Financial Standards, IFRS) 산하 국제지속가능성기준위원회(ISSB)가 책임을 맡고 있다.

---

53) Sustainability Accounting Standards Board 홈페이지

3. 금융 이니셔티브

글래스고 금융연합(Glasgow Financial Alliance for Net Zero, GFANZ)[54]

지구 기온상승을 산업화 이전 수준보다 1.5℃로 제한하려는 세계 최대 금융기관 연합이다. Net Zero를 위해 탄소중립 금융기관의 수를 늘리고, 탄소중립 전환과 관련된 전반적 과제를 해결하기 위한 포럼을 통해 경제의 탈탄소화를 지원한다. 2021년 4월 마크 카니 유엔 기후행동 및 금융 특사와 COP26 의장단이 UNFCCC 탄소중립캠페인과 함께 출범했다. 8개의 독립적인 탄소중립 금융연합으로 은행, 보험사, 자산 소유자, 자산 관리자, 금융서비스 제공업체 및 투자 컨설턴트가 참여하고 있다. 회원사는 과학기반 지침을 활용해 2050년까지 탄소중립 전환에 참여한다.

탄소회계금융연합(Partnership for Carbon Accounting Financials, PCAF)[55]

대출 및 투자와 관련된 온실가스 배출량을 평가하고 공개하기 위한 접근법을 개발하고 실행하기 위해 설립된 금융기관 글로벌 연합이다. 금융기관이 과학에 기반한 목표를 설정하고 위험관리와 온실가스 배출량과 관련된 위험을 식별할 수 있도록 금융산업을 위한 글로벌 온실가스 회계 및 보고표준을 개발했다. 은행이 파리협정 이후에도 화석연료 부문에 4조 6천억 달러 이상을 투자하고 있지만 금융의 탄소 영향에 대한

---

54) Glasgow Financial Alliance for Net Zero 홈페이지
55) Partnership for Carbon Accounting Financials 홈페이지

평가가 이루어지지 않고 있다는 인식에서 출발했다. 485개 금융기관이 참여하고 있고, 금융 부문의 탈탄소화를 촉진하고 있다.

적도원칙(Equator Principles, EP)[56]
세계은행 산하 국제금융공사(IFC)와 금융기관이 참여해 2003년 6월 채택한 금융지원사업과 관련한 이니셔티브이다. 금융기관이 자금을 조달할 때 환경 및 사회적 위험을 식별, 평가, 관리하기 위한 공통기준 및 위험관리 프레임워크 역할을 위해 설립되었다. 대규모 인프라 및 산업 프로젝트가 사람과 환경에 부정적인 영향을 미칠 수 있다는 인식에서 출발했다. 이 원칙은 전 세계 모든 산업분야와 5가지[57] 금융상품에 적용된다. 검토 및 분류, E&S평가, 적용 가능한 E&S 기준, E&S 관리시스템 및 EP 행동계획, 이해관계자 참여, 고충처리 메커니즘, 독립적 검토, 규약, 독립적인 모니터링 및 보고, 보고 및 투명성 등 10가지 적도원칙이 있다. 현재 전 세계 130개 금융기관이 서명을 하고, 적도원칙에 부합하기 위해 내부 환경 및 사회적 리스크 관리정책, 절차 및 표준을 이행하고 있다. 예를 들어 환경파괴와 원주민의 인권침해 등이 발생하는 프로젝트에 대한 금융지원은 하지 않겠다는 자발적 행동원칙이다.

---

56) Equator Principles 홈페이지
57) 프로젝트 재정자문 서비스, 프로젝트 자금조달, 프로젝트 관련 기업대출, 브릿지론(단기대출), 프로젝트 관련 재융자 및 인수금융

녹색금융네트워크(Network of Central Banks and Supervisors for Greening Financial System, NGFS)[58]

녹색금융 촉진을 위해 금융시스템 녹색화를 위한 중앙은행 및 감독관 네트워크이다. 독일, 프랑스, 스웨덴, 영국, 중국, 일본, 싱가포르, 호주 등 8개의 중앙은행과 금융 감독기관 주축으로 2017년 12월 파리에서 발족했다. 녹색금융에 대한 분석, 기후변화 관련 리스크 모니터링 및 반영, 체계적이고 국제적인 기후환경 정보공시 체제구축 등 6가지 항목에 대해 권고하고 있다. 우리나라는 금융위원회, 금융감독원, 한국은행 등이 가입해 활동하고 있다.

---

58) Network of Central Banks and Supervisors for Greening Financial System 홈페이지

제5장
ESG에 대한 이해

1. ESG는 미래사회에 대한 새로운 기회

ESG 용어는 2004년에 발간된 'Who cares wins: Connecting Financial Markets to a Changing World (관심을 갖는 자가 승리한다: 금융시장을 변화하는 세상에 연결)'보고서에 처음 등장했다. 이 보고서는 2000년 코피 아난 유엔 사무총장이 설립한 UN 글로벌콤팩트(UNGC) 후원으로 9개국 18개 금융기관 관계자가 참여해 작성했다. 위기는 곧 기회라는 말이 있듯이 투자자들은 ESG를 변화하는 세상에 큰 도전이자 기회로 보았다.

이 보고서는 표지에서 'Recommendations by the financial industry to better integrate environmental, social and governance issues in analysis, asset management and securities brokerage(분석, 자산관리 및 증권 중개에 환경, 사회 및 지배구조 이슈를 더 잘 통합하기 위한 금융업계의 권장사항)'이라고 ESG를 직접 언급하며 ESG 요소를 재무분석, 자산관리에 반영하고, ESG 관점에서 고객의 관심사와 요구를 평가하며, 기업을 포함한 다양한 시장 주체들의 역할에 대해 다루고 있다. 기업에 영향을 미치는 ESG 이슈를 구체적으로 언급하고 있는데, 환경(E)은 기후변화 및 관련 위험, 독성물질 방출 및 폐기물 감소의 필요성, 제품 및 서비스 관련 환경적 책임 범위를 확대하는 새로운 규제, 제대로 관리되지 않을 경우 평판 리스크로 이어질 수 있는 성과개선, 투명성 및 책임성에 대한 시민사회 압력증가, 환경 서비스 및 친환경 제품에 대한 신흥시장, 사회(S)는 직장 내 보건 및 안전, 지역사회관계, 회사 및 공급업체 인권문제, 협력업체 사업장 인권문제, 개발도상국에서 사업운영 시 정부 및 지역사회 관계, 제대로 관리되지 않을 경우 평판 리스크로 이어질 수 있는 성과개선, 투명성 및 책임성에 대한 시민사회 압력증가, 지배구조(S)

는 이사회 구조 및 책임성, 회계 및 공시 관행, 감사위원회 구조 및 감사인의 독립성, 임원 보상, 부패 및 뇌물 문제 관리를 꼽고 있다. 2005년에는 Who Cares Wins 2005 Conference Report: Investing for Long-Term Value(Who Cares Wins 2005 컨퍼런스 보고서: 장기적 가치를 위한 투자)가 나온다. 이 보고서는 기관투자자, 자산 관리자, 매수 및 매도 리서치 애널리스트, 글로벌 컨설턴트, 정부기관 및 규제당국이 자산관리 및 금융리서치에서 ESG의 가치동인 역할을 조사하고, ESG가 장기투자 맥락에서 중요한 역할을 한다는 사실을 확인했다.

이를 계기로 2006년 UNEP FI(United Nations Environment Programme Finance Initiative)와 UNGC(United Nations Global Compact) 주도로 ESG에 기반한 UN책임투자원칙을 제정했다. 2020년 1월에는 세계 최대 자산운용사로 알려진 블랙록(BlackRock)의 CEO, 래리 핑크(Larry Fink)가 투자대상 기업 CEO에게 지속가능성을 강조한 연례 서한을 보내면서 석탄 발전으로 매출액의 25% 이상을 올리는 기업의 채권과 주식을 팔겠다고 선언했다. 또한 2021년에는 기업 비즈니스모델을 탄소중립경제(NET-ZERO)와 어떻게 결부시킬지 계획을 공개하고, 2050년 넷제로 목표를 기업의 장기 전략에 어떻게 통합할지, 이사회에서 논의한 결과를 밝혀달라고 요구했다. 이는 ESG에 대한 세계적인 관심을 불러일으키는 결정적인 계기가 되었다.

Who Cares Wins Report

코피 아난(Kofi Annan)은 가나의 외교관이자 제7대 유엔 사무총장이다. 그는 2000년 비즈니스에 보편적인 원칙을 구현한다는 목표로 전 세계에서 가장 큰 규모의 사회적 책임 이니셔티브인 유엔 글로벌콤팩트를 설립하고, 기업들이 인권, 노동, 환경, 반부패 등 4대 분야 10대 원칙을 공개적으로 약속할 것을 촉구했다. 2004년에 ESG라는 용어가 처음 등장하는데, 총자산이 6조 달러 이상인 9개국 18개 금융기관이 참여해 작성한 유엔 글로벌콤팩트의 'Who cares wins' 보고서에서 환경, 사회, 지배구조는 기업의 경영품질의 일부이며, 지속가능한 발전과 기업의 평판과 브랜드에 큰 영향을 미친다고 하였다.

코피 아난 유엔 사무총장의 주도로 환경, 사회, 지배구조 문제를 자산관리, 증권중개서비스 등에서 더 잘 통합하는 방법에 대한 지침과 권고안을 개발하기 위해 금융기관이 공동 노력한 결과물이다.

ESG 용어를 처음 사용한 2004년과 2005년 Who cares Wins Report
(출처: UNEP FI/ IFC(International Finance Corporation)

이 보고서는 더 나은 투자시장과 지속가능한 사회를 위해 애널리스트, 금융기관, 기업, 투자자, 연금 수탁자 및 선정 컨설턴트, 규제당국, 증권거래소, 비정부기구 등이 각자의 영역에서 ESG를 잘 통합하고 적용해 운영할 것을 권고하고 있다. 또한 환경, 사회, 지배구조 이슈와 투자 결정 사이의 연관성을 확립함으로써 투자 결정에 이러한 요소들을 더 잘 통합하여 궁극적으로 비즈니스 전반에 걸쳐 글로벌 콤팩트 원칙을 이행하는데 기여하고자 하였다.

LARRY FINK'S 2020 LETTER TO CEOS[59]

> Climate Risk Is Investment Risk
> As a fiduciary, our responsibility is to help clients navigate this transition. Our investment conviction is that sustainability- and climate-integrated portfolios can provide better risk-adjusted returns to investors. And with the impact of sustainability on investment returns increasing, we believe that sustainable investing is the strongest foundation for client portfolios going forward.

---

59) 블랙록 홈페이지(blackrock.com), LARRY FINK'S 2020 LETTER TO CEOS "A Fundamental Reshaping of Finance(금융의 근본적인 재편).

기후 리스크는 투자 리스크입니다.
수탁자로서 우리의 책임은 고객이 이러한 전환기를 헤쳐나갈 수 있도록 돕는 것입니다. 지속가능성과 기후를 통합한 포트폴리오가 투자자에게 더 나은 위험 조정 수익을 제공할 수 있다는 것이 우리의 투자 신념입니다. 또한 지속가능성이 투자 수익률에 미치는 영향이 점점 더 커짐에 따라, 지속가능한 투자는 앞으로 고객 포트폴리오의 가장 강력한 기반이 될 것이라고 믿습니다.

While government must lead the way in this transition, companies and investors also have a meaningful role to play. As part of this responsibility, BlackRock was a founding member of the Task Force on Climate-related Financial Disclosures (TCFD). We are a signatory to the UN's Principles for Responsible Investment, and we signed the Vatican's 2019 statement advocating carbon pricing regimes, which we believe are essential to combating climate change.
정부가 이러한 전환을 주도해야 하지만, 기업과 투자자도 의미 있는 역할을 해야 합니다. 이러한 책임의 일환으로 블랙록은 기후관련 재무정보공개 태스크포스(TCFD)의 창립멤버입니다. 또한 UN책임투자원칙에 서명했으며, 기후변화 대응에 필수적인 탄소가격 체계를 지지하는 바티칸의 2019년 성명서에 서명했습니다.

BlackRock has been engaging with companies for several years on their progress towards TCFD- and SASB-aligned reporting. This year, we are asking the companies that we invest in on behalf of our clients to: (1) publish a disclosure in line with industry-specific SASB guidelines by year-end, if you have not already done so, or disclose a similar set of data in a way that is relevant to your particular business; and (2) disclose climate-related risks in line with the TCFD's recommendations, if you have not already done so. This should include your plan for operating under a scenario where the Paris Agreement's goal of limiting global warming to less than two degrees is fully realized, as expressed by the TCFD guidelines. We will use these disclosures and our engagements to ascertain whether companies are properly managing and overseeing these risks within their business and adequately planning for the future.

블랙록은 지난 몇 년 동안 TCFD 및 SASB에 부합하는 보고를 위해 기업들과 협력해 왔습니다. 올해 우리는 고객을 대신하여 투자하는 기업들에게 (1) 아직 공개하지 않은 경우 연말까지 산업별 SASB 가이드라인에 따라 공개하거나 특정 비즈니스와 관련된 방식으로 유사한 데이터 세트를 공개하고, (2) 아직 공개하지 않은 경우 TCFD의 권고에 따라 기후관련 위험을 공개할 것을 요청하고 있습니다. 여기에는 TCFD 가이드라인에 명시된 대로 지구 온난화를 2도 미만으로 제한하는 파리협정의 목표가 완전히 실현되는 시나리오 하에서 운영할 계획이 포함되어야 합니다. 당사는 이러한 공시와 당사의 참여를 통해 기업이 비즈니스 내에서 이러한 위험을 적절히 관리 및 감독하고 미래를 적절히 계획하고 있는지 확인할 것입니다.

TIP) 다시 생각해 보는 낙동강 페놀오염과 ESG

지금까지 발생한 국내 환경현안 중에서도 대표적인 사건이 낙동강 페놀 오염이다. 이 사건은 1, 2차에 걸쳐 발생했는데 1991년 3월 16일 두산전자 구미공장에서 페놀원액 30톤이 파손된 파이프를 통해 낙동강으로 유입되었고, 4월 22일 페놀탱크 이음새 부분의 파열로 페놀원액 약 1.3톤이 낙동강으로 유입되었다. 결국 대구를 중심으로 낙동강 상수원 지역이 오염되면서 식수 공급이 중단되는 국가적 재난이 발생했다. 당시 이 사건은 식수원 오염이라는 주민건강과 직결된 문제였기 때문에 그 파장은 더 컸다. 1994년 3월 16일 국내에서 공식적으로 먹는 물이 판매된 것도 이 사건을 통해 경험한 식수원 불안과 무관하지 않다. 이 사건을 계기로 '환경은 생명(운동)이다' 라는 말을 실감할 정도로 우리사회 환경의식을 크게 바꾸어 놓았다. 당시 환경처 장·차관이 경질되고 관련 공무원이 구속되고 '환경 범죄의 처벌에 관한 특별 조치법'이 제정되었다. 기업은 조업정지 처분과 그룹 회장의 사임, 직원들의 구속, 사회기금 출연, 매출감소 등의 피해가 발생했다. 여기에는 우리가 말하는 ESG 요소가 모두 있다. 낙동강 상수원 오염(E), 기업의 사회적 책임(S), 경영인의 윤리의식과 지배구조(G) 등 오늘날 ESG 관점에서 다시 생각해 볼 만하다. 기업의 비윤리적인 경영이 우리 사회에 어떤 영향을 주는지 우리는 과거의 경험으로도 교훈을 얻을 수 있다.

2. 기후위기시대, 환경(E)은 생명이다

ESG에서 E는 환경적인 측면에서 지속가능성을 의미한다. 투자의 대상, 즉 기업이 환경적인 측면에서 리스크가 없는지와 이에 대한 대응력이 있는지가 투자자의 관심사항이다. 이를테면 기후변화에 따른 문제, 주변 환경오염에 따른 문제 등의 포괄적인 문제에서부터 수질, 토양, 폐기물, 소음, 악취, 산림훼손 등의 구체적인 문제에 이르기까지 기업이 갖고 있는 고유한 리스크와 발생 가능성이 높은 리스크, 그리고 이것에 대한 대책이 있는지가 주요한 관심사항이다. 결과적으로 투자자는 투자 손실을 줄이고 이익을 창출하기 위해서 기업이 환경에 대한 리스크를 보완하고 사회적인 갈등을 해결할 능력이 있어야 투자한다는 것이다. 이는 환경 리스크는 곧 투자손실을 의미하고, 기업의 지속가능성과 밀접한 관련이 있다는 것이다. 국내외적으로 환경을 고려하지 않은 경영으로 기업의 이미지가 훼손되고, 경제적으로 손해를 본 사례는 많다. 투자자와 마찬가지로 소비자 역시 환경을 고려하지 않은 상품은 소비하지 않는다. 이와 관련된 이슈로 그린워싱(GreenWashing)이 있다. 실제로는 환경적이지 않으면서 환경적인 것처럼 소비자를 기만하는 행위를 의미하는데, 이런 기업들이 다양한 영역에서 늘고 있다. 제품을 환경적으로 과장해서 광고한다거나, 화석연료를 사용하면서 실제로는 그렇지 않다거나 하는 것들이 모두 이에 해당한다. 그린워싱은 ESG 워싱의 대표적인 사례이고, 환경단체 중심으로 국제적인 소송이 늘고 있다. 기후변화에 따른 기후 위기는 가장 중요한 환경 위험요인으로 인식되고 있다. 이러한 이유로 기업은 제품을 생산, 유통, 판매하는 과정에서 기후 리스크를 줄이기 위한 정책을 추진하고 있다. 기업이 산업활동 과정에서 발생시키는 이산화탄소 등의 온실가스는 기후변화문제와 직접적으로 연결되어 있고, 이러한 온실가스 배출은 인간이 생존할 수 있는 지구의 한계를 넘어서고 있다는 것이 문제 인식의 출발점이다. 이는 기후변화에 관한 국제연합 기본협약(약칭 기후변화협약, UNFCCC)이 시발점이 되었다. 이 협약은 권한을 위임받은 각국의 서명자들에 의해 미국 뉴욕에서 1992년 5월 9일(발효일: 1994.3.21.) 아랍어, 중국어, 영어, 프랑스어, 러시아어, 스페인어 등 6개 언어로 작성되었다. 그리고 1992년 6월 3일부터 14일까지 브라질의 리우데자네이루에서 열린 지구정상회의인 환경 및 개발에 관한 유엔회의(United Nations Conference on Environment and Development, UNCED)에서 서명되었다. 이 협약의 197개 당사국인 선진국(부속서Ⅰ,Ⅱ)과 개도국(비부속서Ⅰ)은 공통의 그러나 차별화된 책임(Common But Differentiated Responsibilities, CBDR)에 따라 온실가스를 감축할 것을 약속했다. 이 협약의 목적은 대기 중의 이산화탄소를 비롯한 6대 온실가스 배출을 제한하여 지구온난화를 막는 것이다. 지구의 기후변화와 부정적 효과를 인식하고 온실가스 농도를 기후변화를 방지할 수 있는 수준으로 안정화시키기 위해 국제사회가 공통의 그러나 차별화된 책임을 다하자는 것이다. 우리나라는 1993년 11월 30일 제165회 정기국회 제17차 본회의에서 비준[60] 동의를 얻어 같은 해 12월 14일 국제연합 사무총장에게 비준서를 기탁했다.

---

60) 비준(批准, ratification)은 국가가 조약이나 협정의 당사국이 되기 위해 최종적인 의사를 나타내는 행위를 의미한다. 조약 체결의 최종적인 절차이며 다자간 조약일 경우 비준서를 일정한 장소에 기탁하고 이루어진다.

폭스바겐 자동차 배출가스 조작사건

지난 2015년 9월 발생한 폭스바겐 자동차 배출가스 조작사건은 기업의 비윤리적인 행위로 막대한 환경피해가 발생한 대표적인 사건이다. 당시 이 기업은 자동차 인증을 통과하기 위해 미세먼지의 주된 원인물질인 질소산화물의 배출을 감소시키는 배기가스 저감 장치를 인증실험을 하는 실험실 내에서만 정상 작동되게 하는 방법으로 조작했다. 연비 문제 등이 이유였다. 따라서, 이들 차량은 인증을 받은 후 실제 주행에서는 인증단계보다 상당히 많은 양의 질소산화물이 나왔다. 이로 인해 전 세계 약 1,100만대 차량에 대한 보상과 리콜이 이어졌고 우리나라 역시 많은 차량이 리콜 대상이었다. 심지어는 허위증명서 등이 확인되면서 일부 차량은 인증이 취소되기도 했다.[61] 자동차 역사상 가장 큰 환경이슈로 기업이 문제 발생과 해결 과정에서 사회적 책임을 다하지 못해 이미지가 크게 실추된 사건이다. 당시 언론보도에 따르면, 독일 자동차 산업의 상징인 폭스바겐의 불법행위가 밝혀지면서 독일 증권거래소에 상장된 주가가 이틀간 약37% 하락하면서 시가총액 240억유로(약 32조원)가 증발한 것으로 알려졌다.[62]

---

61) [김필수 칼럼] 폭스바겐의 배출가스 조작..시작과 끝은?-카라이프-뉴스 〉 인터뷰·칼럼 (chosun.com)
62) 매일경제, 폭스바겐 이틀간 주가 37%↓, 이덕주 기자, 2015.09.23.(수정 2015.09.30.)

TIP) 경제성을 고려하지 않는 ESG는 무의미하다

ESG는 미래의 경제적 이익을 예측하는 지표이다. 재무제표가 과거의 결산서라면 ESG는 미래에 예상되는 결산서이다. 당장 예측하기 어려워 가치수익에 가깝다. ESG가 금융권을 중심으로 투자자 관점에서 나왔다는 점도 이러한 맥락과 일치한다. 따라서 ESG가 경제적 이익창출, 즉 경제성과 무관하다는 일부 주장은 설득력이 없다. ESG는 장기적인 관점에서 바라봐야 한다. 기업이 이익을 창출하려면 경영전략을 수립하는 단계에서부터 ESG 관련 리스크를 점검하고 새로운 기회로 삼아야 한다. ESG에 대한 정의를 재무적인 성과에 영향을 미치는 비재무적인 요소로 정의하는 것도 이 같은 이유에서다. 재무제표로는 문제가 없던 기업이 어느 날 주가가 폭락하는데 원인은 그 기업의 ESG와 관련성이 높았다는 것이 투자자 입장에서 ESG를 고려한 배경이다. 과거의 결산서인 재무제표로는 더 이상 미래의 잠재적 가치를 예측할 수 없고 ESG가 미래의 경제적 이익을 예측하는 지표라는 것이다. ESG는 잠재적 위기요인이기도 하지만 기회요인이기도 하다. 경제성을 빼고 ESG를 얘기하는 건 무의미하다.

3. 사회적 다양성으로 기업의 사회적 책임(S)은 늘고 있다

ESG에서 사회(S)의 의미는 기업의 사회적인 책임을 의미한다. 예를 들어, 기업이 경제활동을 하면서 남에게 피해를 주는 것이 아니라 상생과 협력, 지역발전과 고용창출, 안전 및 환경, 윤리 경영 등 사회적 가치경영에 중점을 두고, 그 책임을 다해야 한다는 것이다. 사회적으로 책임을 다하지 않는 기업은 주로 노동자 인권과 관련한 문제가 많았다. 아동을 고용한다거나, 불공정 계약 등의 열악한 근로조건, 하청업체 직원에 대한 갑(甲)질 등이 대표적이다. 최근에는 여성들의 경제활동 참여가 늘어나고 외국인 노동자와 학생들이 늘어나면서 성, 인종 등에 대한 차별문제가 많이 발생하고 MZ세대[63]가 늘어나면서 공정(公正)에 대한 인식의 차이에서 발생하는 갑(甲)질과 직장 내 괴롭힘, 채용비리, 제조물의 책임과 그린워싱 등 소비자를 기만하는 행위에 대한 책임, 동물실험과 학대, 비윤리적인 도축 등 동물 복지문제 등 기업이 직면한 사회적인 책임 영역은 점점 다양화되고 있다.

기업의 사회적인 책임은 기업이 성, 지역, 인종 등의 다양성을 존중하고 인권, 소비자 보호, 보건 안전, 동물 복지, 노동 관행 등 사회적 관심사에 대해 책임과 역할을 다하는지가 주요한 관심 사항이다. 주목할 만한 것은 최근 인권에 대한 관심이 점점 더 부각되면서 지난 2023년 10월 국가인권위원회가 금융위원회와 한국회계기준원(한국지속가능성기준위원회)이 수립하고 있는 ESG 공시기준에 국가인권위원회 '인권경영 보고지침' 내용을 반영하라고 권고했다. 올해는 국제적인 이니셔티브인 GRI가 노동 관련 기준에 대한 개정작업을 진행하고 있다고 밝혔

---

63) 밀레니얼 세대의 줄임말로서 X세대와 Z세대 사이를 말한다. 일반적으로 1981년부터 2010년까지 출생한 사람들이다. 이 중 Z세대는 1990년대 중·후반부터 2010년 초반에 출생한 X세대의 자녀들이다.(출처: 위키백과사전 참고)

다. 또한 기업 제품의 생산에서부터 보관, 유통에 이르기까지 가치사슬 전반의 체계적인 공급망 관리(Supply chain management, SCM)에 대한 사회적인 책임도 강조되고 있다.

기업의 사회적인 문제는 매우 광범위하고 이슈도 다양하기 때문에 문제에 대한 인식에서부터 해결까지 쉬운 일은 아니다. 하지만 기업이 이러한 문제에 관심을 갖고 주도적으로 해결해 나가지 않으면 결국 그 책임은 기업에게 돌아온다.

최근 기업들은 이사회에 노동자와 여성을 참여시키는 등 지배구조를 개선한다거나 사회적 가치 담당부서 신설 등 조직개편, 임직원 교육프로그램의 강화 등을 통해 관련 리스크를 해결하고자 노력하고 있다. 하지만 무엇보다 최고 경영자의 철학과 리더십이 중요하다는 사실은 과거나 지금이나 마찬가지이다.

나이키의 아동노동 착취

나이키 축구공을 바느질 하고 있는 파키스탄 소년의 사진은 아주 유명하다. 1996년 6월 미국의 라이프 지가 보도한 것으로, 국제사회에 아동 노동 문제가 공론화된 중요한 사건이다. 당시 이 아동이 하루 2달러 이하의 임금을 받고 있고, 열악한 환경으로 인해 위험에 노출되어 있다는 비판이 쏟아졌지만 나이키는 하청업체의 책임으로 떠넘기고 본질적인 책임을 회피했다. 하지만, 그 지역에서 생산된 축구공에 대한 소비자 불매운동 등이 진행되고 비윤리적인 행태가 알려지자 주가는 급격히 하락했다. 결국 나이키는 노동관행을 바꾸겠다고 약속했다.

▲ 〈라이프〉가 보도한 나이키 아동노동 ⓒ 라이프 오마이뉴스 22.07.10. 나이키의 두 얼굴 보도인용

Six Cents an Hour(1996 Life Article)

1996년 3월 28일 미국의 〈라이프〉지에 시간당 6센트 제목과 함께 파키스탄 소년이 나이키 축구공을 맨손으로 꿰매고 있는 사진보도

남양유업의 대리점 갑질과 허위광고

남양유업은 기업 윤리의식이 사회적으로 도마에 오르면서 이미지에 심각한 타격을 입으면서 오너경영의 시대가 막을 내렸다. 지난 2013년 남양유업 갑(甲)질 논란은 사회적으로 관심이 뜨거웠다. 남양유업이 대리점주가 주문하지도 않았는데 유통기한이 임박하거나 회전율이 낮은 비인기 제품들을 주문전산시스템에 입력해 대금을 결제하게 하고, 대리점주에게 판촉사원 임금부담을 강요하는 등의 비윤리적인 행위를 했다는 것이다.[64] 당시 남양유업 대표는 잘못된 관행을 인정한다며 대국민 사과를 했다. 지난 2021년에는 불가리스가 코로나19에 효과가 있다는 허위광고 논란 등으로 주가조작 논란까지 휩싸였다. 이 밖에도 기업의 비윤리적인 행위가 끊임없이 도마에 오르면서 소비자 불매운동이 지속되었고 결국 오너경영의 시대는 막을 내렸다.

경향신문, 2024.01.04. 불매운동 10년...남양유업 60년 '오너 경영'막 내렸다. 기사에 인용한 사진자료

---

64) 법률신문, [판결] 물량 밀어내기 갑질 남양유업에 2억7500여만원 배상판결, 이순규 기자/2016.07.11.

네슬레의 유아용 분유광고

최근 네슬레는 앞으로는 유아용 분유보다 노인식에 집중하겠다고 밝혔다. 전 세계적으로 고령화가 원인이겠지만 분유 회사로 성장한 네슬레가 이 시장을 포기한다는 것은 점점 더 낮아지는 출산율이 보다 직접적인 원인이었을 것이다. 네슬레는 지난 시기 판매시장을 확대하는 과정에서 소비자들로부터 엄청난 비난을 받은 적이 있다. 이 사건을 계기로 네슬레는 비윤리적인 기업으로 오랫동안 낙인이 찍혔다. 그때도 출산율이 원인이었다. 1970년대 네슬레는 분유시장에서 전 세계 최고의 기업이었다. 하지만 당시 미국과 유럽 등에서 출산율이 정체되자 출산율이 높은 중남미와 아프리카, 아시아 지역으로 판매시장을 확장하게 되는데, 이 과정에서 분유를 먹으면 아이들이 영양 부족 없이 잘 자랄 수 있다는 캠페인을 대대적으로 벌였다.

하지만, 분유를 먹은 아프리카 지역 아이들이 설사와 고열에 시달리다가 사망하는 일들이 발생하면서 거센 비난이 일었고, 네슬레가 이를 수습하는 과정에서 아프리카 지역의 비위생적인 환경으로 책임을 전가하다가 미국, 호주, 뉴질랜드, 유럽 등으로 네슬레 불매운동이 확산되는 결과를 초래했다. 결국 소비자 단체의 연대활동과 국제기구의 관여 등으로 네슬레는 더 이상 공격적인 분유 마케팅을 하지 않기로 공개적으로 약속했다. 1981년 5월 세계보건기구가 모유 수유를 촉진하고 대체식품의 소비를 줄이기 위해 분유 광고를 중단하라는 모유 대체 식품 판매에 대한 국제규약을 채택했다.

국제적 빈민구제를 지향하는 영국의 자선단체인 〈War on Want〉는 1974년 '베이비 킬러'라는 획기적인 출판물을 통해 유아용 우유회사로 인한 피해를 지목했다. War on Want 홈페이지 참조.

4. 지배구조(G)는 친환경 경영과 사회책임 경영의 버팀목이다

ESG에서 G는 Governance[65]의 줄임말인데 지배구조를 의미한다. 일반적으로 지배구조는 삼성이나 현대, 롯데와 같은 대기업의 회사 지분에 관한 기사나 가족관계를 나타낸 복잡한 가계도가 먼저 떠오른다. 하지만, ESG에서 말하는 지배구조는 조직의 구조적인 부분만을 얘기하지는 않는다.

ESG 분야에서 지배구조(G)는 중요한 의미를 갖는다. 여기에서 지배구조(G)는 거버넌스 개념으로 조직이 어떤 목표와 방향을 정할 때 의견을 조율하고 결정하는 조정[66]의 의미가 있다.

Governance[67]를 조직의 지배구조로 이해하면 ESG를 제대로 이해할 수 없다. 지배구조(G)는 단순히 어떤 조직을 지배하는 구조만이 아니라 조직의 구조적인 면을 둘러싼 의사결정과정, 즉 어떤 조직이 목표나 문제를 해결하기 위해 의사를 결정하고 실행해 가는 일련의 과정을 통칭한다고 볼 수 있다. 여기에는 조직의 구조만이 아니라 협력과 협치, 소통과 조정의 의미가 포괄적으로 담겨 있다.

ESG 용어를 최초로 사용한 것으로 알려진 'Who cares Wins'보고서는 '투자 결정에 환경, 사회, 기업 거버넌스(ESG) 요소를 더 잘 포함하면 더 안정적이고 예측이 가능한 시장을 만들 수 있다'고 언급하고 있다. 특히, 기업 거버넌스 이슈를 새로운 트랜드로 간주하면서 금융시장

---

65) 사전적으로 Governance는 the action or manner of governing a state, organization, etc: 국가나 조직 등을 통치하는 행동 또는 방식으로 정의하고 있다.
66) Governance에서 govern는 '권위를 가지고 다스리다'라는 뜻으로, 배를 조정하다, 통치하다, 명령하다, 지휘하다의 뜻인 governer에서 유래했는데 원래는 '배를 조정하다, 선장으로 일하다'라는 의미의 그리스어 kybernan에서 온 해상용어이다.
67) Jon Pierre & B. Guy Peters(2000.9),《Governance, Politics, and the State》, 거버넌스는 정부 주도가 아니라 다양한 이해관계자가 참여하는 협의와 합의과정을 통해 정책을 결정하고 집행하는 통치 시스템으로 정의한다.

은 기업 지배구조, 즉 기업의 투명성 및 책임성 개선과 평판 리스크 등의 중요성에 관심을 갖고 투자 결정에 통합하는 것이 필요하다고 강조하고 있다.

역사적으로 기업 지배구조는 두 가지 측면에서 접근하고 있다. 하나는 통제(control) 중심의 주주자본주의(shareholder capitalism)이고, 다른 하나는 소통(communication) 중심의 이해관계자자본주의(stakeholder capitalism)이다. 전자는 주주가치 극대화를 위해 경영자를 감시하는 체제를 의미하고, 후자는 종업원, 거래하는 기업, 채권자, 지역사회 주민 등 다양한 이해관계자의 이해를 조정하고 보호하기 위한 체제를 의미한다.

일반적으로 기업의 지배구조는 소유권을 가진 주주와 관리 및 통치의 권한 즉 경영권을 가진 대표이사와 CEO, 조직의 의사를 결정하는 거버넌스 단위인 이사회, 감사(기구) 등이 있다. 주주와 대표이사 등이 이사회의 구성원이라는 점에서 지배구조와 거버넌스를 정확히 개념적으로 구분해 설명하기는 어렵다. 다만 거버넌스는 우리가 일반적으로 이해하고 있는 지배구조 즉 조직의 구조만이 아니라 그 구조들이 제대로 작동하는지를 포함한다는 것을 개념적으로 이해하는 게 필요하다. 그리고, 조직의 지배구조(G)는 환경(E)과 사회책임(S) 경영을 위한 의사결정에 중요한 역할을 하고, 거버넌스가 제대로 작동하지 않으면 조직은 제대로 된 의사결정을 할 수가 없다.

대한항공 임원의 갑질, 땅콩회항 사건

지난 2014년 인천으로 출발할 예정이던 대한항공이 활주로에서 회항한 사건으로 여론이 들끓은 적이 있다. 일등석에 탑승했던 대한항공 부사장이 여승무원의 견과류를 문제 삼으면서 발생했다고 해서 땅콩회항 사건으로 알려져 있다. 이 사건은 승무원을 책임지고 있던 사무장을 항공기에서 내리게 함으로써 오너 집안의 전형적인 갑(甲)질 사건으로 유명세를 탔다. 언론보도에 따르면, 당시 대한항공이 '책임 임원으로 승무원의 서비스 문제를 지적한 것은 당연한 일'이라고 해명해 여론의 뭇매를 맞았다. 그룹 회장까지 나서서 공식적으로 사과했지만 여론을 수습할 수는 없었다. 결국, 해당임원이 부사장에서 물러났지만 항공법과 항공보안법 위반으로 처벌을 받았다.

제6장
지속가능성과 ESG

1. 지속가능성과 지속가능한 발전

지속가능성은 1972년 '성장의 한계(The limits of growth)'라는 보고서로 세상에 알려졌다. 1968년 로마클럽[68]이 발간한 이 보고서는 MIT 연구팀이 컴퓨터 시뮬레이션을 통해 세계 인구, 산업화, 오염, 식량 생산 및 자원고갈이 계속되면 향후 100년 이내에 성장의 한계에 도달한다고 언급했다. 지구 시스템의 지속가능성을 언급한 것인데, 여기에서 지속가능성은 먼 미래를 위해 지속 가능한 생태적, 경제적 안정화 상태 즉, 모든 사람이 물질적 필요가 충족되고 동등한 기회를 가지는 것을 의미한다. 이것은 가능한 일이며, 최대한 빨리 행동에 나서는 것이 필요하다고 주장했다. 1987년 유엔환경계획(UNEP) 산하 세계환경개발위원회(World Commission on Environment and Development, WCED)가 발표한 '우리 공동의 미래(Our Common Future)'는 지속가능한 발전의 개념을 '미래세대가 그들 자신에게 필요한 것을 충족시킬 수 있는 능력을 해치지 않고, 현재 세대의 필요를 충족시키는 발전'으로 정의하고, 성장과 개발이 지속된다면 머지않은 미래에 큰 재앙이 올 것이라고 경고했다. 여기에는 과학의 발전, 즉 기술 진보를 통해 지속가능한 방식으로 경제성장을 추구할 수 있다는 의미가 담겨 있다. 1994년 존 엘킹턴(john Eslkington)은 지속가능경영의 3대 기본 축인 트리플 바텀 라인(Triple Bottom Line, TBL)을 제시하면서 인류의 지속 가능한 생존과 발전을 위해서는 기업이 경제(Economic), 환경(Environmental), 사회(Social)적 측면에서 지속가능경영의 실천이 필요하다고 주장했다. 이러한 주장은 오늘날 ESG 관

---

[68] 1968년 이탈리아 사업가 아우렐리오 페체이의 제창으로 지구의 유한성이라는 문제의식을 가진 유럽의 경영자, 과학자, 교육자 등이 로마에 모여 회의를 가진 데서 붙여진 명칭이다. 천연자원의 고갈, 환경오염, 지구온난화, 기상이변 등 인류의 위기 타개를 모색, 경고, 조언하는 것을 목적으로 한다.
(출처: 위키백과, Wikipedia, http://ko.wilkipedia.org)

점에서, 환경과 사회, 그리고 지배구조는 기업의 지속가능성을 구성하는 세 가지 요소라는 사실과 맞닿아 있다. 지배구조가 취약하고 친환경 경영, 사회책임 경영을 하지 않는 기업이 과연 지속가능할까? 이들 기업의 매출이 떨어지고 주가가 하락하는 등 경제적 피해사례는 국내외적으로 많이 존재한다. 결국 이들 기업은 소비자 고발이나 소송, 불매운동으로 지배구조를 개선하고 환경적으로, 사회적으로 재원을 투자하면서 위기를 극복한다.

존 엘킹턴 트리플 바텀 라인

존 엘킹턴(John Elkington)은 우리사회 지속가능에 대한 개념을 진화시키는데 많은 기여를 했다. 그래서, 지속가능경영의 선구자로 알려져 있다. 1998년 존 엘킹턴이 저서 "Cannibals with Forks: the Triple Bottom Line of 21st Century Business(포크가 있는 식인종: 21세기 비즈니스의 트리플 바텀 라인)"에서 기업의 지속가능한 경영을 위해 환경, 사회, 경제 세 부문의 중요성을 언급했다. 존 엘킹턴의 트리플 바텀 라인(triple bottom line, TBL)은 기업이 지속가능경영을 위해서 단지 경제적 이익에만 몰두하면 안 된다는 개념으로 사람(people), 이익(profits), 지구(planet)라는 3가지 측면에서 3P를 강조하고 있다. TBL이론은 기업이 사회적 책임을 다하는 3P에 중점을 둔다. 이 이론에 따르면 기업은 사회와 구성원의 복지에 대한 책임, 대출기관과 운영채권자 및 직원에게 급여를 지급하는 책임, 기업이 위치한 지역의 환경에 대한 책임을 다해야 한다. 모든 기업의 공통적 책임이라고 할 수 있는 경제적 이익, 즉 대출기관과 운영채권자 및 직원에게 급여를 지급하는 책임을 넘어서 환경에 부정적인 영향을 미치지 않아야 하고, 사회적인 책임을 다해야 한다는 것이다. 이는 GRI(Global Reporting

Initiative)에서 제공하는 지속가능성 보고서에 많은 영향을 끼쳤다. 존 엘킹턴은 TBL이 단순히 회계 도구로 설계된 것이 아니라 자본주의와 그 미래에 대한 더 깊은 사고를 불러일으키기 위한 것이라고 했다. 기업이 실질적으로 경제적인 이익만이 아니라 사회, 환경적인 문제에 관심을 갖고 책임을 다하는 자세가 필요하다는 것이다.

존 웨슬리 사회책임투자 원칙

존 웨슬리(John Wesley) 목사는 사회책임투자(Socially Responsible Investments, SRI)의 선구자로 알려져 있다. 사회책임투자는 경제적인 성과 이외에 사회적 책임을 고려하는 금융이다. 사회적으로 부도덕하고 비윤리적인 기업은 투자 대상이 아니다. 결국, 사회책임투자는 사회적인 책임을 중시하는 E(환경), S(사회), G(지배구조)를 고려한 투자를 말한다. 존 웨슬리 목사는 자신이나 이웃에게 해를 끼치지 않고 'Gain all you can(최선을 다해 벌고), Save all you can(최선을 다해 저축하고), Give all you can(최선을 다해 기부) 하라는 것이다.' 다만 도박산업, 고리대금업, 주류업, 불공정 상행위, 고된 노동을 강요하는 사업, 그리고 당시 막 시작된 화학산업을 죄악산업으로 지목하고 돈을 사회적으로 도움이 되고 윤리적으로 투자하라고 강조했다. 이런 측면에서 지속가능한 투자, ESG 금융은 존 웨슬리 목사의 The Use of Money(돈의 사용)라는 설교에서 진화했다고 볼 수 있다.

지속가능경영의 가이드라인 설리번 원칙

인권과 관련한 사례로 설리번 원칙(Global Sullivan Principles)이 있다. 만델라 대통령 이전의 남아프리카공화국(이하 남아공)은 대표적인 인종차별 정부였는데 설리번(Leon H. Sullivan) 목사는 남아공에서 사업을 하는 미국기업은 종업원을 고용할 때 인종차별을 하지 않는다는 원칙을 적용하고, 이 원칙은 남아공만이 아니라 전 세계 기관투자자가 사회책임투자에 참여하는 계기가 되었다. 설리번 원칙에 따르면, 흑인을 노동조합 대표로 인정하고 관리직원으로 채용한다.

침례교 목사인 설리번(Leon H. Sullivan)은 1971년 남아공에서 흑인을 가장 많이 고용한 자동차 회사인 General Motors Corporation(GM) 이사로 선출되는데, 대기업 이사회에 오른 최초의 아프리카계 미국인이다. 이후 20년 넘게 GM 이사로 활동하면서 1977년 남아공에서 사업을 하는 기업을 위한 행동강령을 만들었다. 이것이 설리번 원칙이다. 이 원칙은 직장 안팎에서 인종에 관계없이 동등한 대우를 요구하는 인권 보호와 평등한 기회 보장을 위한 기업의 사회적 책임 강령이다. 1948년 남아공 국민당 정권은 소수 백인이 지배하는 국가체제 구축을 위해 유색인종차별 정책인 아파르트헤이트(Apartheid)를 실시했는데 설리번은 GM 및 기타 기업, 투자자들의 투자 철회 등 금융제재를 통해 남아공의 인종차별정책을 반대했다. 초기에는 12개 미국 기업이 참가했지만 1980년대 이후 100여 개가 넘는 기업이 참여했다. 이후 설리번 원칙은 다국적 기업의 인권, 노동권, 환경, 지역사회 관계, 납품업체 관계, 공정경쟁 등 주요 이슈와 관련한 영업지침이 되었고, 1999년에는 글로벌 수준의 사회적 책임에 관한 설리번 원칙이 채택되었다.

설리번 원칙 내용

① 인권보장, 평등한 고용기회 촉진, 결사의 자유 존중,
   근로자의 최소한의 기본적 욕구 충족, 기술과 능력향상 기회 제공
② 안전한 작업장 제공, 지적 재산권 존중, 뇌물공여금지 등 공정경쟁 촉진
③ 삶의 질 향상을 위한 서비스 제공, 정부 및 관련 단체와 협력,
   열악한 환경에 처한 노동자에게 훈련과 고용기회 제공
④ 동 원칙의 투명한 실행, 동 원칙의 공정한 적용을 증명할 수 있는 정보 제공

2. 사회적 책임(CSR)과 ESG(환경·사회·지배구조)

역사적으로 사회적 책임은 여러 학자들에 의해 논의되어 왔지만, 대부분 1953년 하워드 보웬(Howard R. Bowen)의 비즈니스맨의 사회적 책임(Social Responsibilities of the Businessman)에서 정의한 기업인들이 사회적 가치 측면에서 정책을 만들거나 의사를 결정하는 것, 그리고 CSR은 기업이 가야 할 방향을 제시하는 것이라는 데에서 출발한다. 이후 1970년대를 거치면서 밀턴 프리드먼을 통해 경제적 이익이 강조되거나, 혹은 아치 캐롤에 의해 자선적 책임까지 영역이 확장된다. 1970년 밀턴 프리드먼(Milton Fredman)은 New York Times에 기고한 글에서 비즈니스의 사회적 책임은 이윤을 늘리는 것(The Social Responsibility of Business is to increase its porfits)이라고 하면서 사회적 책임은 주주의 이익을 극대화하는 것, 즉 이익 창출에 있다고 정의했다. 1979년 아치 캐롤(Archie B. Carroll)은 기업 성과에 대한 3차원 개념모델(A Three-Dimensional Conceptual Model of Corporate Performance)이라는 논문에서 기업의 성과는 경제적 부분만이 아니라 사회와 환경의 다양한 측면에서 성과를 창출할 수 있다고 하면서, 기업의 사회적 책임은 경제적, 법적, 윤리적, 임의적 기대를 포함한다고 정의하였다. 이후 그는 1991년 기업의 사회적 책임을 경제적, 법적, 윤리적, 자선적 책임이라는 CSR 피라미드 모형을 통해 네 가지 책임으로 정의했다. 이렇게 기업의 사회적 책임(Corporate Social Responsibility, CSR)은 학자들에 따라 서로 다른 개념들이 제시되다가, 2010년 11월 국제표준화기구(ISO)가 ISO 26000이라는 사회적 책임에 관한 국제표준을 제정하면서 보다 공식화되었다. 이 표준안은 사회적 책임의 개념과 원칙을 정하고 조직 거버넌스, 인권, 노동관행, 환경, 공정운영관행, 소비자이슈, 지역사회 참여와 발전이라는 7대 핵심 주제에 대한 지침을 제공하고 있다. 여기에서 사회적 책임은 투명[69]하고 윤리적인 행동을 통해 조직의 의사결정과 활동이 사회와 환경에 미치는 영향에 대한 책임으로 정의하고, 지속가능한 발전에 대한 기여와 이해관계자의 기대를 고려하고, 해당 법을 준수하고, 세계인권선언, 지속가능발전에 관한 요하네스버그 선언 등과 같은 국제행동 규범에 일치한다고 정의하고 있다.

우리나라는 사회적 가치를 경제뿐만 아니라 사회, 환경, 문화 등을 포함하는 영역에서 공공의 이익과 공동체의 지속가능한 발전에 기여할 수 있는 가치로 정의하고 법 제정을 추진하고 있다. 이 법안은 인권과 안전 등 우선적으로 추구해야 할 13개 사회적 가치영역에 윤리적 생산과 유통을 포함한 기업의 자발적 사회적인 책임 이행을 포함하고 있다.

한편, CSR의 후속 주자인 ESG는 기업의 지속가능성을 위한 핵심 요소이다. 기업이 지속가능하기 위해서는 E(환경), S(사회), G(지배구조) 각 부문에서 그 책임을 다해야 한다는 개념이다. 이런 점에서 ESG는 CSR과 같은 맥락에서 이해될 수 있다. CSR 역시 비즈니스 영역에서 기업의 지속가능경영을 위한 사회책임 활동을 의미하기 때문이다. 다만, CSR은 E(환경), S(사회), G(지배구조)로 구분되는 ESG보다는 포괄적이고 추상적인 개념이다. 기업의 사회적인 책임 활동은 경영자의 시각에 따라, 혹은 기업마다 다를 수 있는데, 그런 것에 비하면 ESG는 각각의 영역으로 명확히 구분되어 있다. ESG 관점에서는 환경을 훼손하는 기업은 환경경영에, 사회적인 책임과 윤리적인 부문에 문제가 있을 경우는 그 부분에 신경을 더 쓰게 된다. 투자자 역시, ESG 관점에서 기업의 잠재적 위험과 기회요인을 각각의 영역으로 구분해 이해하기 쉬운 측면이 있다. ESG 측면에서 기업이 어떤 리스크가 있고, 어떤 잠재력

---

[69] 투명성(transparency)은 사회, 경제, 환경에 영향을 미치는 결정과 활동에 대한 개방성, 그리고 이를 명확하고 정확하며, 시의 적절하고, 정직하며, 완전한 방식으로 소통하려는 의지로 정의한다.

이 있는지 CSR보다는 분명하게 파악할 수 있어서 투자의사를 결정할 때 유리하다. 하지만 CSR과 ESG는 모두 지속가능성과 이해관계자를 고려한다는 점에서 공통점을 갖고 있다. 중요한 것은 둘 다 사회적인 책임, 가치를 고려한 경영이고, 모든 조직이 가야 할 바람직한 방향성을 의미한다고 볼 수 있다. 경제적인 이윤추구가 목적인 기업은 전략적인 측면에서 자체성과와 연계된 선택과 집중이 필요하다. ESG는 자체적으로 기업의 재무적인 성과에 영향을 미친다기보다는 가치를 올리는 것들, 즉 매출, 이윤율, 마진율을 높이는 것에 영향을 미쳐서 그것들이 결국 기업의 성과에 영향을 미치게 된다. 따라서 기업은 매출, 이윤율, 마진율에 영향을 미치는 ESG 각 요소를 잘 분류하고 거기에 초점을 맞춰서 노력하는 것이 중요하다. 기업은 ESG의 모든 이슈를 다루기보다는 중대한(material) 이슈에 집중하는 것이 효율적이다. 이는 곧 투자자의 수익률 상승으로 연결된다.

3. UN 글로벌콤팩트(UNGC)와 책임투자원칙(PRI)

유엔 글로벌콤팩트 (UN Global Compact, UNGC)[70]

UN 글로벌콤팩트는 기업이 인권, 노동, 환경, 부패방지 분야의 10대 원칙을 기업경영 전략에 내재화시켜 기업의 지속가능성과 기업 시민의식 향상에 기여하도록 실질적 방안을 제시하는 이니셔티브이다. 2000년 7월에 코피 아난(Kofi Annan) 유엔사무총장 주도로 발족한 UN 기구이다. 환경과 사회 이슈의 영향력이 확대되면서 지속가능발전(SDGs) 등 유엔의 목표 달성을 위해서는 유엔 차원에서 기업의 사회적 책임을 추진하는 기구가 필요했다. 130개국 7천여개 이상의 기업이 참여해 매년 이행 상황을 COP(Communication on Progress, 이행보고서)를 통해 이해관계자에게 보고한다. 1948년 세계인권선언, 1998년 국제노동기구(ILO)의 노동기본원칙과 권리선언, 1992년 환경과 개발에 관한 리우선언, 2003년 유엔부패방지협약을 바탕으로 인권, 노동, 환경, 부패방지 4대 부문에 10대 원칙[71]을 설정하고 있다.

UNGC 10대 원칙
(The Ten Principles of the UN Global Compact)

|인권|
원칙 ❶ 기업은 국제적으로 선언된 인권보호를 지지하고 존중해야 한다.
원칙 ❷ 인권침해에 연루되지 않도록 한다.

---

70) UN Global Compact 홈페이지
71) 인권(2개), 노동(4개), 환경(3), 부패방지(1개)

|노동|
원칙 ❸ 기업은 결사의 자유와 단체교섭권의 효과적인 인정을 지지해야 한다
원칙 ❹ 모든 형태의 강제노동을 철폐한다.
원칙 ❺ 아동노동을 효과적으로 폐지한다.
원칙 ❻ 고용 및 업무에 있어서 차별을 철폐한다.

|환경|
원칙 ❼ 기업은 환경문제에 대한 예방적 접근방식을 지지해야 한다.
원칙 ❽ 더 큰 환경적 책임을 장려하기 위한 계획을 수행한다.
원칙 ❾ 환경친화적인 기술의 개발과 확산을 장려한다.

|부패방지|
원칙 ❿ 기업은 부당취득 및 뇌물수수를 포함한 모든 형태의 부패에 반대해야 한다.

유엔 책임투자원칙(UN Principles for Responsible Investment, UN PRI)[72]

환경(Environmental)	사회(Social)	지배구조(Governance)
• 기후변화 • 자원고갈 • 물 • 공해 • 삼림파괴	• 인권 • 현대 노예 • 아동 근로 • 근로조건 • 근로자 관계	• 뇌물 및 부패 • 경영진 보상 • 이사회 다양성 및 구조 • 정치적 로비 및 기부 • 조세 전략

---

[72] UN PRI 홈페이지

책임투자원칙은 투자자가 비재무적인 요소인 ESG 이슈에 대한 리스크를 줄이고, 책임 있는 투자를 통해 수익창출과 위험을 더 잘 관리하도록 지원하는 것이 목적이다. 당시 유엔 사무총장 코피 아난(Kofi Annan) 주도로 UNEP FI와 UN Global Compact가 공동으로 참여해 2006년 4월 27일 뉴욕증권거래소에서 발표했는데 30여개 기관투자자들이 서명을 하면서 도입을 선언했다. 유럽을 중심으로 연기금, 자산운용사, 리서치 기관 등 기관 투자자 그룹이 참여하고, 원칙에 서명함으로써 기관 투자자로서 수탁책임과 일치하는 범위 내에서 원칙을 채택하고 이행할 것을 공개적으로 약속했다. 6대 원칙과 35개 실천프로그램으로 구성되어 있다. 당시 반기문 총장은 책임투자원칙을 지지하며, 전 세계 투자자들이 참여할 것을 촉구한 바 있다. ESG 문제를 투자 분석 및 의사결정 과정에 포함하고, 투자하는 기업의 ESG 이슈에 대한 공개, 활동과 진행상황 보고 등 수탁자 책임을 다하는 것을 원칙으로 하고 있다.

서명자의 약속(Signatories' commitment) 전문

기관투자자로서 우리는 수혜자의 장기적 이익을 최대한 고려하여 행동할 의무가 있다. 이러한 수탁자 역할에서 우리는 환경, 사회 및 기업 지배구조(ESG) 문제가 투자 포트폴리오의 성과에 미칠 수 있다고 믿는다. 우리는 이러한 원칙을 적용하면 더 넓은 목표에 더 잘 부합할 수 있다는 것을 알고 있다. 따라서, 우리는 수탁 책임에 부합하는 다음을 약속한다.

원칙 ❶ 기업은 국제적으로 선언된 인권보호를 지지하고 존중해야 한다.
원칙 ❷ 인권침해에 연루되지 않도록 한다.
원칙 ❸ 기업은 결사의 자유와 단체교섭권의 효과적인 인정을 지지해야 한다
원칙 ❹ 모든 형태의 강제노동을 철폐한다.
원칙 ❺ 아동노동을 효과적으로 폐지한다.
원칙 ❻ 고용 및 업무에 있어서 차별을 철폐한다.
원칙 ❼ 기업은 환경문제에 대한 예방적 접근방식을 지지해야 한다.
원칙 ❽ 더 큰 환경적 책임을 장려하기 위한 계획을 수행한다.
원칙 ❾ 환경친화적인 기술의 개발과 확산을 장려한다.
원칙 ❿ 기업은 부당이득 및 뇌물수수를 포함한 모든 형태의 부패에 반대해야 한다.

유엔환경계획 금융이니셔티브(UN Environment Programme Finance Initiative, UNEP FI)[73]

1991년 Deutsche Bank, HSBC Holdings, Natwest, Royal Bank of Canada, Westpac을 포함한 소규모 상업은행 그룹이 환경 의제에 대한 은행 업계의 인식을 촉진하기 위해 UNEP과 협력하면서 1992년 환경과 개발에 관한 유엔 회의를 앞두고 은행을 중심으로 한 이니셔티브가 발족하였는데 2003년 은행이니셔티브(UN FII)와 보험산업 이니셔티브(UNEP Insurance Industry Initiative, UN II)가 UNEP FI로 통합되었다. 산하에 대표적인 이니셔티브로 2006년에 발족한 책임투자원칙(Principles for Responsible Investment, PRI)이 있다.

---

73) UNEP FI(United Nations Environment Programme Finance Initiative) 홈페이지

4. 기관투자자 청지기, 스튜어드십 코드(Stewardship Code, SC)

타인자산을 관리, 운용하는 기관투자자의 수탁자 책임을 말하는데, 이를 충실히 이행하도록 하는 핵심원칙과 세부내용을 담은 자율규범이다. 자산보유자(asset owner), 자산운용자(asset manager), 관련 서비스 제공자(service provider) 등이 주요대상이다. 2008년 세계 금융위기 당시 기관투자자의 역할이 부족했다는 평가와 함께 주주로서 기관투자자의 경영감시 강화의 필요성이 대두되었다. 기관투자자가 주주권 행사 등 기업 관여를 통해 기업 지배구조개선과 장기적 기업가치 향상을 가져올 수 있다는 주장이 제기된 것이다. 지난 2009년 영국이 은행과 금융기관 지배구조를 검토한 워커보고서(The Walker Report)를 발표했는데 이 보고서가 기관투자자의 금융기관 감시역할 등을 대책으로 제시하면서 2010년 세계 최초로 도입되었다. ESG를 투자의사결정에 반영하는 사회책임투자(SRI)의 국제적 확산도 계기가 되었다.

영국 스튜어드십 코드는 2019년 10월 코드를 개정해 'The UK Stewardship Code 2020'이 적용되고 있다. 개정된 코드는 영국의 저축자와 연금 수급자를 대신해 돈을 투자하는 사람들과 그들을 지원하는 사람들을 위한 스튜어드십 기준이다. 고객과 수혜자를 위한 장기적인 가치를 창출하여 경제, 환경 및 사회에 지속가능한 이익을 제공하기 위해 자본을 책임 있게 배분, 관리 및 감독하는 것을 목적으로 한다. 기존의 주주활동과 의결권 행사에 국한되지 않는다. 지배구조(G) 중심에서 환경(E), 사회(S) 이슈를 포함하는 비재무적인 요소로 확대했다. 자산소유자와 자산운용자를 위한 원칙 12가지와 서비스 제공기관을 위한 원칙 6가지로 구성돼 있다. 각 원칙은 활동과 기대사항, 설명으로 구분되어 있다. 우리나라는 2014년 11월 정부 주도로 시행되다가 2016년 12월 이후 한국ESG기준원(한국기업지배구조원)이 지원하고 있다. 코드참여의사를 밝히면 절차에 따라 참여기관으로 등록된다.

영국 스튜어드십 코드 2020[74]

자산소유자 및 자산운용자 원칙

원칙 ❶ 서명기관의 목적, 투자신념, 전략, 문화는 고객과 수혜자를 위한 장기적인 가치 창출과 경제, 환경, 사회를 위한 지속가능한 이익을 위해 스튜어드십을 지원한다.
원칙 ❷ 서명기관의 지배구조, 자원 및 인센티브 스튜어드십을 지원한다.
원칙 ❸ 서명기관은 고객과 수혜자의 이익을 최우선으로 이해상충을 관리한다.
원칙 ❹ 서명기관은 시장 전반의 위험과 시스템적 리스크를 식별하고 대응하여 금융시스템의 원활한 작동을 촉진한다.
원칙 ❺ 서명기관은 정책을 검토하고 프로세스를 보장하고 활동의 효과를 평가한다.
원칙 ❻ 서명기관은 고객과 수혜자의 요구사항을 파악하고 수탁자 책임, 투자활동과 결과를 전달한다.
원칙 ❼ 서명기관은 수탁자 책임을 이행하기 위해 물질적 환경, 사회 및 지배구조 이슈, 기후변화를 포함하여 스튜어드십과 투자를 체계적으로 통합해야 한다.
원칙 ❽ 서명기관은 계정 관리자, 서비스 제공자, 서비스 제공업체를 모니터링하고 책임을 진다.
원칙 ❾ 서명기관은 발행자와 협력하여 자산가치를 유지하거나 높인다.
원칙 ❿ 서명기관은 필요한 경우 발행자에게 영향을 미치기 위한 협력적 참여를 한다.
원칙 ⓫ 서명기관은 필요한 경우 발행자에게 영향을 미치는 스튜어드십 활동을 확대한다.
원칙 ⓬ 서명기관은 자신의 권리와 책임을 적극적으로 행사한다.

---

74) UK Stewardship Code 홈페이지

서비스 제공기관 원칙

원칙 ❶ 서명기관의 목적, 전략, 문화를 통해 효과적인 스튜어드십을 촉진할 수 있다.

원칙 ❷ 서명기관의 지배구조, 인력, 자원 인센티브를 통해 효과적인 스튜어드십을 촉진할 수 있다.

원칙 ❸ 서명기관은 이해상충을 식별하고 관리하며 고객의 이익을 최우선으로 한다.

원칙 ❹ 서명기관은 시장 전반의 위험과 시스템적 리스크를 식별하고 대응하여 금융시스템이 더 잘 작동하게 한다.

원칙 ❺ 서명기관은 중요한 환경, 사회 및 지배구조 이슈를 고려하고 어떤 활동을 수행했는지 전달해 고객의 스튜어드십과 투자통합을 지원한다.

원칙 ❻ 서명기관은 정책을 검토하고 프로세스를 보장한다.

한국 스튜어드십 코드 2016[75]

지난 2016년 12월 수탁자로서 기관투자자가 이행해야 할 7개의 세부 원칙과 안내지침을 제시할 목적으로 제정되었다. 기관투자자의 수탁자 책임을 통해 대상 기업의 지속가능한 성장, 고객의 중장기 이익보호, 한국 경제와 자본시장의 장기적인 건전한 발전을 추구한다. 현재 국민연금, 사학연금, 공무원연금, 우정사업본부 등 연기금 (4개), 자산운용사(59개), 보험사(5개), PEF운용사(71개), 투자자문사(4개), 서비스기관(5개), 증권사(6개), 은행(2개), 기타(72개) 등 228개가 코드에 참여하고 있다.

---

[75] Korea Stewardship Code(한국 스튜어드십 코드) 홈페이지

원칙 ❶ 고객, 수익자 등 타인자산을 관리, 운영하는 수탁자로서 책임을 충실히 이행하기 위한 명확한 정책을 마련해 공개해야 한다.

원칙 ❷ 수탁자로서 책임을 이행하는 과정에서 실제 직면하거나 가능성이 있는 이해상충 문제를 어떻게 해결할지에 관해 효과적이고 명확한 정책을 마련하고 내용을 공개해야 한다.

원칙 ❸ 투자대상회사의 중장기적인 가치를 제고하여 투자자산의 가치를 보존하고 높일 수 있도록 투자대상회사를 주기적으로 점검해야 한다.

원칙 ❹ 투자대상회사와의 공감대 형성을 지향하되, 필요한 경우 수탁자 책임 이행을 위한 활동 전개시기와 절차, 방법에 관한 내부지침을 마련해야 한다.

원칙 ❺ 충실한 의결권 행사를 위한 지침, 절차, 세부기준을 포함한 의결권 정책을 마련해 공개해야 하며, 의결권 행사의 적정성을 파악할 수 있도록 의결권 행사의 구체적인 내용과 그 사유를 함께 공개해야 한다.

원칙 ❻ 의결권 행사와 수탁자 책임 이행 활동에 관해 고객과 수익자에게 주기적으로 보고해야 한다.

원칙 ❼ 수탁자 책임의 적극적이고 효과적인 이행을 위해 필요한 역량과 전문성을 갖추어야 한다.

제7장
ESG 평가를 위한 기준들

1. 한국ESG기준원 모범규준

한국ESG기준원(한국기업지배구조원, KCGS)이 기업의 ESG 경영방향을 제시하기 위한 가이드라인을 제시했다. 흔히 ESG모범규준이라고 하는데 국내 상장사와 정부정책 자료로 활용되고 있다. ESG 각 항목별로 모범규준이 다른데, 환경과 사회는 2010년에 제정한 후 개정된 적은 없고 지배구조는 1999년 개정 이래 2003년과 2016년 두 차례 개정되었다. 이후 세계적인 추세를 반영해 2021년 8월 개정안을 발표했다.

한국ESG기준원의 ESG모범규준(2021.8)에 따르면, 환경 모범규준은 리더십과 거버넌스, 위험관리 등을 신설했다. 특히, CDP(Carbon Disclosure Project)나 TCFD(Task Force on Climate-Related Financial Disclosures) 등의 기준을 반영해 기후변화 위험 및 기회 항목을 추가해 기후변화 중요성을 강화했다. 사회 모범규준은 리더십과 거버넌스, 비재무 위험관리 등을 신설하고 인권, 노동관행, 공정운영 관행, 지속가능한 소비, 정보보호, 지역사회 참여 및 개발 등 사회책임 경영을 강화했다. 기업지배구조 모범규준은 이사회 역할 등 리더십의 역할과 책임을 강화했다. 또한, 예측가능성과 투명성을 높일 수 있도록 경영승계 규정을 마련했다. 세부적으로, 환경 모범규준은 ① 리더십과 거버넌스(환경경영 리더십, 환경경영 전략 및 목표, 환경경영 거버넌스), ② 위험관리(환경위험과 기회의 식별/평가 및 관리, 기후변화 위험 및 기회, 위험관리체계), ③ 운영 및 성과(설계- 친환경 제품 및 서비스, 조달/구매/유통- 친환경 공급망, 생산- 친환경 사업장, 생태계 보전, 성과관리, 환경회계), ④ 이해관계자 소통(이해관계자 설정, 이해관계자 대응활동, 환경정보공개)에 대해 평가한다. 사회 모범규준은 ① 리더십과 거버넌스(리더십, 전략과 방침, 조직의 의사결정, 기업문화),

② 비재무 위험관리(통합적 관리, 비재무 위험과 기회의 인식, 비재무 위험 대응), ③ 운영 및 성과(인권, 노동관행, 공정운영 관행, 지속가능한 소비, 정보보호, 지역사회의 참여 및 개발), ④ 이해관계자 소통(참여와 정보공개)에 대해 평가한다. 기업지배구조 모범규준은 ① 이사회 리더십(이사회의 역할과 책임, 이사의 역할과 책임, 이사회의 구성, 사회이사, 이사회의 운영, 이사회 내 위원회), ② 주주권 보호(주주의 권리와 주주총회), ③ 감사(내부감사와 외부감사), ④ 주주 및 이해관계자와의 소통(직접소통과 정보공개)에 대해 평가한다. 감사위원회와 감사 모범규준은 ① 내부감사기구(감사위원회, 내부감사부서), ② 구성/선임 및 자격요건(감사위원회 구성, 선임과 종임, 자격요건), ③ 감사위원회 운영(운영규정, 활동, 평가, 보수, 교육), ④ 감사위원회 역할과 책임(직무와 권한, 재무보고, 내부신고, 내부통제와 위험관리시스템, 내부감사부서), ⑤ 외부감사인과의 관계(선임단계, 실시단계, 종료단계), ⑥ 이해관계자와의 의사소통(이사회와의 소통, 주주 등과의 소통)에 대해 평가한다.

| 환경모범 규준 |

대분류	중분류	세부내용
리더십과 거버넌스	환경경영 리더십	최고경영진 환경경영 의지 표명 최고경영진 리더십 환경방침 문서화와 인적·물적 토대 구축
	환경경영 전략 및 목표	지속가능성을 고려한 전략 수립 환경경영과 경영전략의 일관성 환경경영 목표 수립 및 관리체계
	환경경영 거버넌스	전사적 환경경영체계구축 및 관리 이사회의 역할 전담 실무조직 구성 및 운영 환경경영 교육
위험관리	환경위험과 기회의 식별, 평가 및 관리	위험 및 기회 식별 프로세스 구축 위험 및 기회 우선순위 도출 위험 및 기회 관리체계 구축 친환경 자금조달
	기후변화 위험 및 기회	기후변화 위험 및 기회 식별 기후변화 위험 요인분석(좌초자산 등) 기후변화 위험 및 관리
	위험관리 체계	사전관리 시스템 구축 유형별·단계별 시나리오 수립 사후관리 체계 구축(환경책임보험 등)
운영 및 성과	(설계) 친환경 제품 및 서비스	친환경 시스템 구축 친환경 인증
	(조달/구매/유통) 친환경 공급망	전 과정 친환경 공급망 관리정책 및 체계구축 협력사 지원 및 관리 친환경 생산 및 소비문화 기반조성 친환경 제품 유통 활성화
	(생산) 친환경 사업장	자원순환형 친환경 사업장 구현 온실가스 시스템 구축 신재생에너지 개발 및 이용 환경오염물질관리 폐기물 및 폐수 적법 처리 화학물질 인벤토리 구축 유해화학물질 이용 및 배출저감 화학물질 사고대응
	성과관리	환경성과 모니터링 및 측정 환경성과평가시스템 구축
	환경회계	환경회계 운영 및 활용 탄소배출 가격 측정
	생태계 보전	자연자원 관리(산림, 수자원, 생물자원 등)
이해관계자 소통	이해관계자 설정	이해관계자 파악 및 설정
	이해관계자 대응활동	이해관계자와의 소통 및 참여 활성화 환경 관련 국내외 이니셔티브 자발적 참여
	환경정보 공개	환경정보공개

| 사회모범 규준 |

대분류	중분류	세부내용
리더십과 거버넌스	리더십	최고경영진의 사회책임경영 의지 표명 사회책임경영 거버넌스 운영
	전략과 방침	사회책임경영 전략 수립 사회책임경영과 전략의 통합방안 경제적, 사회적, 환경적 성과측정
	조직과 의사결정	이사회의 역할 의사결정 조직의 실효성 확보
	기업문화	기업문화조성 평가와 모니터링
비재무 위험관리	비재무 위험의 통합적 관리	재무위험 및 비재무 위험의 통합관리 전사적 위험관리체계
	비재무 위험과 기회의 인식	비재무 위험과 기회 파악 위험요인에 대한 관리
	비재무 위험대응	수준별 비재무 위험 대응 비재무 위험평가 및 전략 이해관계자 공개
운영 및 성과	인권	최고경영진의 의지표명 인권정책 수립 및 이해관계자 공유 실무부서 구축 및 인권 영향평가 인권 고충 처리 채널 운영
	노동관행	공정한 고용과 차별없는 급여 노동기본권 보장 근로자 역량개발 및 지원 안전보건 거버넌스 구축 양질의 삶 보장
	공정운영 관행	공급망 관리전략 수립 공정거래질서 확립 지속가능한 성장동력 및 일자리 창출
	지속가능한 소비	소비자 권익침해 방지 제품 및 서비스로부터 보호체계 구축 소비자 소통 채널 구축 사회적 가치고려 제품 및 서비스 제공
	정보보호	정책 및 관리체계 구축 전문인력 및 재원확보 개인보호정책 수립 및 위험관리
	지역사회 참여 및 개발	전략 수립 지역사회 참여 성과관리 사회책임경영 이니셔티브 참여
이해관계자 소통	이해관계자 참여	이해관계자 참여 채널 구축
	정보공개	사회책임경영 정보공개

|지배구조 모범규준|

대분류	중분류	세부내용
이사회 리더십	이사회의 역할과 책임	ESG 리스크 관리 , 이사회 기능 및 권한사항 명문화, 이사회 내부거래 감독, 내부통제 및 리스크 관리체계, 최고경영자 승계시스템 구축, 보수정책 및 내역 공시, 이사회 평가 기준 및 절차 수립
	이사의 역할과 책임	이사의 주의, 비밀유지, 충실의무, 손해배상책임, 임원 배상책임보험
	이사회의 구성	적정 이사회 규모, 사외이사제도, 등기이사 자격조건, 전문성과 다양성
	사외이사	독립성, 과도한 겸직 및 겸업금지, 적극적인 직무수행
	이사회의 운영	대표이사와 이사회 의장 분리, 이사회 의장, 선임사외이사의 역할, 이사회 운영 규정, 정기이사회 개최, 이사회 및 위원회 회의록 작성, 원격 통신수단의 활용과 참여기회 보장, 사외이사에 대한 정보제공, 사외이사 지원, 충분한 교육기회 제공, 이사회 및 위원회 평가, 이사회 권한 위임
	이사회 내 위원회	이사회 내 위원회 설치, 감사위원회, 사외이사후보추천위원회, 보상위원회, 내부거래위원회 역할, 위원회 독립성 확보, 위원회 활동내역 보고 및 운영 규정
주주권 보호	주주의 권리	주주권리보호, 1주 1의결권 보장(특별이해관계 주주 등의 의결권 제한), 주식매수청구제도, 지배 주주책임, 소수주주권 보호
	주주총회	주주총회 안건 활성화, 중요안건 의안 분리 상정, 의안 정보공개, 일시 및 장소결정, 개최통지 등 대리인을 통한 의결권행사, 서면투표 및 전자투표, 이사선임 주주참여, 감사위원 이사선임안건 분리, 주주권 행사방해 금지 및 결과공개
감사	내부감사	감사 및 감사위원 독립성, 전문성, 감사위원회 운영규정 등 감사직무 규정, 회의록 및 감사록 운영, 윤리규정
	외부감사	외부감사인 독립성, 주주총회 참여, 주기적 소통
주주 및 이해관계자와의 소통	주주 및 이해관계자와의 직접소통	ESG 논의 확대, 주주총회 결과검토, 반대주주와의 소통 및 사후조치 공개
	정보공개	기업정보공개, 공시책임자 지정

2. 산업통상자원부 K- ESG 가이드라인

산업통상자원부(산업정책과)와 한국생산성본부가 기업의 ESG경영과 평가 대응방향을 제시하고 K-ESG 가이드라인을 자율적으로 활용할 수 있도록 2021년 12월 K-ESG 가이드라인 ver 1.0을 도입했다. 정보공시(Public), 환경(Environmental), 사회(Social), 지배구조(Governance) 4개 영역을 기준으로 가이드라인을 제시했다. 세부적으로 정보공시(P)는 정보공시 형식과 내용, 검증에 대한 5개 항목, 환경(E)은 환경경영목표, 원부자재, 온실가스, 에너지, 용수, 폐기물, 오염물질, 환경법/규제 위반, 환경라벨링에 대한 17개 항목, 사회(S)는 목표, 노동, 다양성 및 양성평등, 산업안전, 인권, 동반성장, 지역사회, 정보보호, 사회법/규제 위반에 대한 22개 항목, 지배구조(G)는 이사회 구성, 이사회 활동, 주주 권리, 윤리경영, 감사기구, 지배구조법/규제 위반에 대한 17개 항목, 총 4개 영역 27개 범주, 61개 기본 진단항목으로 구성되어 있다. 한국ESG기준원의 ESG모범규준과는 평가항목에 차이가 있다.

K-ESG 가이드라인 진단항목 체계[76]

영 역	범 주	진단항목	분류번호
정보공시(P) (5개 항목)	정보공시 형식	ESG 정보공시 방식	P-1-1
		ESG 정보공시 주기	P-1-2
		ESG 정보공시 범위	P-1-3
	정보공시 내용	ESG 핵심이슈 및 KPI	P-2-1
	정보공시 검증	ESG 정보공시 검증	P-3-1

---

76) K-ESG 가이드라인 v1.0(관계부처 합동)

분류	항목	세부항목	코드
환경(E) (17개 항목)	환경경영 목표	환경경영 목표수립	E-1-1
		환경경영 추진체계	E-1-2
	원부자재	원부자재 사용량	E-2-1
		재생 원부자재 비율	E-2-2
	온실가스	온실가스배출량(Scope1 & Scope2)	E-3-1
		온실가스배출량(Scope3)	E-3-2
		온실가스 배출량 검증	E-3-3
	에너지	에너지 사용량	E-4-1
		재생에너지 사용 비율	E-4-2
	용수	용수사용량	E-5-1
		재사용 용수 비율	E-5-2
	폐기물	폐기물 배출량	E-6-1
		폐기물 재활용 비율	E-6-2
	오염물질	대기오염물질 배출량	E-7-1
		수질오염물질 배출량	E-7-2
	환경 법/규제 위반	환경 법/규제 위반	E-8-1
	환경 라벨링	친환경 인증제품 및 서비스 비율	E-9-1
사회(S) (22개 항목)	목표	목표 수립 및 공시	S-1-1
	노동	신규채용	S-2-1
		정규직 비율	S-2-2
		자발적 이직률	S-2-3
		교육훈련비	S-2-4
		복리후생비	S-2-5
		노동조합 조직률	S-2-6
	다양성 및 양성평등	여성구성원 비율	S-3-1
		여성 급여 비율(평균 급여액 대비)	S-3-2
		장애인 고용률	S-3-3
	산업안전	안전보건 추진체계	S-4-1
		산업재해율	S-4-2
	인권	인권정책 수립	S-5-1
		인권 리스크 평가	S-5-2
	동반성장	협력사 ESG 경영	S-6-1
		협력사 ESG 지원	S-6-2
		협력사 ESG 협약사항	S-6-3
	지역사회	전략적 사회공헌	S-7-1
		구성원 봉사참여	S-7-2
	정보보호	정보보호 시스템 구축	S-8-1
		개인정보 침해 및 구제	S-8-2
	사회 법/규제 위반	사회 법/규제 위반	S-9-1

분류	중분류	세부항목	코드
지배구조(G) (17개 항목)	이사회 구성	이사회 내 ESG 안건상정	G-1-1
		사외이사 비율	G-1-2
		대표이사 이사회 의장 분리	G-1-3
		이사회 성별 다양성	G-1-4
		사외이사의 전문성	G-1-5
	이사회 활동	전체 이사 출석률	G-2-1
		사내이사 출석률	G-2-2
		이사회 산하 위원회	G-2-3
		이사회 안건 처리	G-2-4
	주주권리	주주총회 소집 공고	G-3-1
		주주총회 집중일 이외 개최	G-3-2
		집중/전자/서면 투표제	G-3-3
		배당정책 및 이행	G-3-4
	윤리경영	윤리규범 위반사항 공시	G-4-1
	감사기구	내부감사부서 설치	G-5-1
		감사기구 전문성 (감사기구 내 회계/재무 전문가)	G-5-2
	지배구조 법/규제위반	지배구조 법/규제 위반	G-6-1

3. 금융위원회 기업공시제도

기업공시제도는 금융위원회, 금융감독원, 한국거래소 등이 담당하고 있다. 이에 따르면 2019년부터 자산 2조원 이상 코스피 상장사는 기업지배구조 보고서[77]를 의무적으로 공시하고 있는데, 2022년부터는 1조원 이상, 2024년 5천억원 이상, 2026년은 모든 코스피 상장사로 의무공시 대상 법인을 확대한다. 이 보고서는 한국거래소가 제정한 가이드라인에 따라 작성하는데 주주, 이사회, 감사기구에 관한 사항 등 10가지 핵심 원칙에 대해 준수 여부와 미준수 시 사유를 공시하게 되어 있다.

다만, 환경(E)과 사회(S)는 공식적인 가이드라인이 없어 일부 기업이 지속가능경영보고서 등을 통해 관련 정보를 자율적으로 공시하고 있었는데, 2025년부터 일정 규모 이상 기업에게는 의무화하고, 2030년에는 모든 코스피 상장사로 확대한다.

이에 앞서 한국거래소는 자율 공시를 활성화할 목적으로 ESG 정보공개 가이던스를 발표했다. 이 가이던스는 정보 공개의 필요성, 보고서 작성과 공개 절차, 그 과정에서 준수해야 할 원칙, ESG 정보공개와 관련한 글로벌 표준 등으로 구성되어 있다. 세부 항목은 환경 부문 5개(온실가스 배출, 에너지 사용, 물 사용, 폐기물 배출, 법규 위반 및 사고), 사회 부문 4개(임직원 현황, 안전 및 보건, 정보보안, 공정경쟁), 거버넌스 3개(경영진의 역할, ESG 위험 및 기회, 이해관계자 참여) 등 총 12개 항목, 21개 지표로 구성되어 있다. 다만, 지배구조의 경우 자산 총액 2조원 이상인 기업이 공시 규정에 따라 기업지배구조 보고서를 작성하는 경우는 별도의 가이드라인이 있으므로 적용되지 않는다.

---

[77] 한국거래소는 기업지배구조 핵심지표 15개를 제시하고, 이에 대한 준수여부를 기업지배구조보고서에 공개하도록 하고 있다.

한국거래소 기업지배구조 핵심지표 15개

① 주주총회 4주 전 소집 공고 실시
② 전자투표 실시
③ 주주총회 집중일 이외 개최
④ 배당정책 및 배당 실시 계획을 연 1회 이상 주주에게 통지
⑤ 최고경영자 승계 정책(비상시 선임정책 포함) 마련 및 운영
⑥ 내부 통제정책 마련 및 운영
⑦ 이사회 의장과 대표이사 분리
⑧ 집중투표제 채택
⑨ 기업 가치 훼손 또는 주주권익 침해에 책임이 있는 자의 임원선임을 방지하기 위한 정책 수립 여부
⑩ 6년 초과 장기 재직 사외이사 부존재
⑪ 내부감사기구에 대한 연 1회 이상 교육 제공
⑫ 독립적인 내부감사부서(내부감사업무 지원 조직)의 설치
⑬ 내부감사기구에 회계 또는 재무 전문가 존재 여부
⑭ 내부감사기구가 분기별 1회 이상 경영진 참석 없이 외부감사인과 회의 개최
⑮ 경영관련 중요정보에 내부감사기구가 접근할 수 있는 절차를 마련하고 있는지 여부

4. 공급망 이슈에 접근하는 ESG 이니셔티브

ESG와 관련한 이니셔티브는 전자, 소매, 자동차, 포장재, 인권 등 여러 주제에 대해 공급망 전반에 발생하는 ESG문제 해결이 목적이다.

책임감 있는 비즈니스 동맹 (Responsible Business Alliance)[78]

2004년 전자기업 그룹이 설립한 전자, 소매, 자동차, 장난감 회사로 구성된 비영리 단체이다. 글로벌 공급망의 영향을 받는 전 세계 근로자와 지역사회 권리와 복지를 위해 제품생산에서부터 소비에 이르기까지 가치사슬에서 발생하는 이슈를 해결하기 위한 이니셔티브이다. 현재 500개 이상의 회원사가 연간 매출 7조 7천억 달러 이상을 달성하며 120개국 이상에서 제품을 생산하고 있다. 회원사, 공급업체, 이해관계자가 협력해 선도적인 표준과 관행을 통해 근로 및 환경조건과 비즈니스 성과를 개선하고 있다.

드라이브 지속가능성(Drive Sustainability)[79]

2013년 공급망 지속가능성에 관한 유럽 자동차 실무 그룹이 설립되면서 자동차 산업 그룹(AIAG)과 협력해 글로벌 자동차 지속가능성 지침을 발표했다. 2017년 드라이브 지속가능성 파트너십이 공식 출범했다. 자동차 공급망에서 발생하는 환경, 사회적인 문제에 관심을 갖고 자동차 산업의 지속가능성을 촉진하는 것이 목적이다.

---

78) Responsible Business Alliance 홈페이지
79) Drive Sustainability 홈페이지

자연 보틀 얼라이언스(NaturALL Bottle Alliance)[80]

100% 지속가능하고 재생가능한 포장 솔루션 개발을 위해 2017년 다논, 네슬레 워터스, 오리진 머티리얼즈가 컨소시엄으로 기술개발 및 연구 활동을 하고 있다. 포장산업 전반에 사용하고 있는 플라스틱 문제에 관심을 갖고 현재 바이오 기반 소재로 만든 페트병 개발 및 출시를 목표로 활동을 하고 있다.

인력정보공개 이니셔티브 (Workforce Disclosure Initiative)[81]

인력 및 인권문제에 대한 투자자와 기업의 참여를 지원하는 이니셔티브이다. 2016년 영국 정부의 지원을 받아 자선단체인 ShareAction이 ESG의 S를 다루는데 있어 투자자가 느끼는 장벽을 해소하기 위해 설립한 것이 계기가 되었다. 매년 수백 명의 기업, 투자자, 노동조합 및 주제별 전문가를 소집해 주요 인권문제에 대해 논의한다. 기업의 운영 및 공급망 전반에 걸쳐 인력 및 인권 주제에 대해 자발적으로 공개하는 데이터를 수집하고 이 정보를 투자자와 공유하여 투자자의 분석, 관리, 의사결정에 대한 정보를 제공하고 있다.

---

80) NaturALL Bottle Alliance 홈페이지
81) Workforce Disclosure Initiative 홈페이지

5. 글로벌 지속가능성 정보공시

지난 2021년 11월 글래스고에서 열린 기후변화협약 당사국총회(COP26)를 계기로 IFRS(International Financial Reporting Standards, 국제재무보고기준)[82]재단은 산하에 국제지속가능성기준위원회(International Sustainability Standards Board, ISSB)를 설립했다. ISSB는 기후정보공개기준위원회(CDSB), 기후관련 재무정보공개 태스크포스(TCFD), 가치보고재단(VRF)의 통합보고 프레임워크, 산업기반 SASB 표준, 세계경제포럼의 이해관계자 자본주의 지표 등을 기반으로 설립되었다. 현재 투자자와 금융시장의 요구에 따라 글로벌 지속가능성 공시기준을 위한 표준을 개발하고 있다.[83] 이는 지속가능성 관련 리스크와 기회에 대해 전 세계적으로 비교 가능한 정보제공이 필요하다는 국제사회의 요구 때문이다. 앞으로 기업은 이 표준을 적용함으로써 이중 보고를 피할 수 있어 전 세계적으로 필요한 정보를 효율적으로 보고할 수 있다.

ISSB는 지난 2022년 3월 일반 및 기후분야의 지속가능성 공시기준(ESG 고시기준)에 대한 공개초안을 발표한 이후 6월에는 첫 번째 지속가능성 공시기준인 IFRS S1(일반) 및 S2(기후) 최종안을 발표했다. 금융위원회 보도에 따르면 최근 미국과 유럽(EU), 영국, 일본, 호주 등에서 지속가능성 정보에 대한 의무공시 제도화가 논의되고 있고, 이 국가들이 ISSB 기준을 참고하거나 활용할 것으로 예상하고 있다. 미국

---

82) 전 세계 약 146개국이 도입하고 있는 국제회계기준 등을 제정하는 국제기구이다.
　　산하에 국제회계기준위원회(International Accounting Standards Board, IASB)가 있다.
83) 기존의 국제회계기준위원회(International Accounting Standards Board, IASB)는
　　IFRS 회계기준을 만들었다. 국제지속가능성기준위원회(International Sustainability Standards
　　Board, ISSB)는 글로벌 지속가능성 공시기준 표준을 만든다.

SEC(Securities and Exchange Commission, 증권거래위원회)[84]는 지난 2022년 3월 기후공시규정(안)을 발표했고, 유럽 ESRS(European Sustainability Reporting Standards, 유럽지속가능성보고기준)는 ISSB기준과 상호운용성을 강조하고 있다. 영국, 호주, 일본, 홍콩, 싱가포르, 브라질 등에서도 ISSB기준을 기반으로 기준을 제정하는 계획을 발표했다.[85] IFRS S1은 지속가능성 관련 재무정보 공시 전반에 대한 일반적인 요구사항이고, S2는 기후 관련 위험 및 기회에 대한 공시 요구사항이다. 전체 지속가능성 재무 정보공시는 IAS 1. Presentation of Financial Statements(국제회계기준서 1. 재무제표표시)를 바탕으로 지속가능성 관련 위험 및 기회를 보고하는 지침을 제공하고 기후관련 공시는 TCFD(기후 변화와 관련한 재무 공개 태스크포스)를 바탕으로 S2에서 보다 자세히 다루고 있다. 주요내용은 지배구조, 전략, 위험관리, 지표와 감축목표 등이다. 우리나라도 지난 2023년 10월 금융위원회가 2026년 이후 ESG 공시 의무화를 단계적으로 도입하겠다고 발표했다. 한국회계기준원(KSSB)은 올해 5월 국내 지속가능성 공시기준 초안을 공개하고 8월까지 의견을 수렴하고 있다. 이 안에 따르면, 국제지속가능성기준위원회(ISSB)가 제정한 IFRS 지속가능성 공시기준을 기반으로 두 가지 의무공시 표준(KSSB 1, 2)과 한 가지 비의무 공시표준(KSSB 101)으로 구성되어 있다. KSSB 1은 지속가능성과 관련된 일반적인 재무 정보 공개, KSSB 2는 기후 관련 정보 공개, KSSB 101은 국내 법률에서 요구하는 추가 지속가능성 관련 정보 또는 지속가능성

---

[84] 연방증권법은 증권거래위원회에 증권 산업의 광범위한 권한을 부여하고 있다. 투자자를 보호하고 공정하고 질서있고 효율적인 시장을 유지하며 자본형성을 촉진하는 것이 주요역할이다. 2018년 77개 산업별 지속가능성 기준을 제정한 미(美) 지속가능회계기준위원회(Sustainability Accounting Standards Board, SASB)가 있다.
이 표준은 2022년 6월 국제지속가능성표준위원회(ISSB)를 지원하고 지속가능성 공개와 재무제표 간의 연결성을 촉진하기 위해 IFRS에 통합되었다.
[85] 금융위원회 [보도자료], 글로벌 ESG공시규제 강화에 대비하여 ISSB기준 국문 번역본을 공개합니다, 2023.12.26

목표 달성을 위한 정보 공개로 구분된다. 유럽(EU), 미국, 일본 등 주요국에서 지속가능경영을 촉진하기 위한 공시표준을 적극적으로 개발하거나 시행하고 있고 우리나라 역시 경쟁력 강화를 위해 필요하기 때문이다. 그동안 지속가능성과 관련한 기업공시는 GRI, SDG, TCFD, SASB, UNGC 등의 지침을 활용해 주로 지속가능경영보고서에 공개해 왔다.

제8장
ESG 리스크와 이슈

1. ESG 평가의 객관성 논란

ESG가 사회적으로 붐이 일면서 평가시장에 대한 투명성과 신뢰성을 제고하기 위한 제도들이 생겨나고 있다. 대표적인 사례가 지난해 5월 금융위원회가 발표한 자율규제 성격의 'ESG 평가기관 가이던스'이다. 국내 주요 평가기관으로 알려진 한국ESG기준원, 한국ESG연구소, 서스틴베스트 3사가 참여하고 있다. 이 가이던스는 평가를 할 때 준수해야 할 절차와 기준에 대한 모범규준을 담고 있다. 다만 의무 사항은 아니기 때문에 이행하지 않으면 그 이유를 설명하면 된다. 모범규준은 평가 과정의 내부통제 기준과 이해충돌 여부 등의 조치와 자료수집에서부터 최종결과까지 평가 과정을 투명하게 공개하는 것이 주요 내용이다.

ESG 평가는 기업의 비재무적인 요소인 E(환경), S(사회), G(지배구조)를 평가하는 것이다. 기업이 일상적인 운영에서 환경, 사회, 지배구조 문제와 관련된 위험과 우려를 얼마나 잘 해결하고 있는지를 평가한다. 이 평가는 윤리경영과 지속가능성을 중시하는 사회적 책임투자를 지향하는 투자자에게는 기업의 장기적인 성과와 회복력에 대한 통찰력을 제공하기 때문에 중요하다. 예를 들어 기업의 탄소발자국, 노동관행 등에 대한 기업 간 비교로 투자의 기준을 정할 수 있다.[86]

과거 실적을 바탕으로 한 재무제표 중심의 평가가 아니라 미래가치, 즉 ESG 각 부문의 위험과 기회요인에 대해 평가하는 가치평가이기 때문에 쉬운 것은 아니다. 기업이 적절히 정보를 공개하지 않을 경우, 혹은 평가기관의 오류가 있는 경우, 평가 정보를 활용하는 입장에서는 잠재적인 리스크가 크다. 그런 면에서 평가기관의 투명성과 신뢰성은 매

---

86) MSCI(How to Tell if a Company Has High ESG Scores)

우 중요하다. 국제적으로 평가기관이 늘고 있는 것이 현실인데, 미국에만 140개 이상의 평가기관이 있다. 이들 평가기관은 각 기관마다 고유한 방법론과 평가기준이 있다. MSCI(Morgan Stanley Capital International)와 같은 기관은 기업을 리더, 평균, 후발주자로 분류하고, 일부 평가기관은 0~100점 척도를 사용한다. 보통 50점 미만이면 상대적으로 열악한 것으로, 70점 이상이면 양호한 것으로 간주한다. 대표적으로 MSCI의 경우, leader(리더)는 AAA 및 AA등급, average(평균)는 A, BBB 또는 BB등급, laggard(후발주자)는 B 또는 CCC등급으로 분류해 ESG 리스크 및 기회관리 선도기업, 실적이 평균인 기업, 뒤처지는 기업으로 평가한다.

서스테이널리틱스(Sustainalytics)는 0~100점 척도로 점수를 산출하고 점수가 높을수록 환경, 사회, 거버넌스 성과가 우수한 것으로 평가한다. 산업별로 분류되어 동종기업간 비교가 가능하다. 또한 ESG 각 요소에 대한 점수와 ESG 전체점수를 별도로 제공한다. 이외에도 Refinitiv(Thomson Reuters) ESG Data, S&P Global, ISS-Ethix ESG, CDP Scores, Climetrics, Vigeo Eiris(Moody's), Corporate Knights Global 100, FTSE Russell ESG Scores, RepRisk, DJSI 등이 있다.

하지만 평가기관마다 자체적인 평가체계와 지표를 갖고 있어 표준화되어 있지 않다. 따라서, 평가기관들이 특정 기업을 평가하는데 그 결과가 다르다. 실제로 평가기관에 따라 ESG 각 요소별로 강조하는 바가 다르다. 또한, 점수를 산정하는데 있어서 ESG 상호간 연계성이 떨어진다는 지적도 있다. 이럴 경우 기업은 평가기관에 따라 결과가 좋은 자료만 활용하거나 ESG 중에서도 우수한 부문만 공개하게 된다. 이는 투자자와 소비자가 기업의 정보를 왜곡하는 결과를 초래한다. 기업의 ESG 평가에 대한 객관성을 어떻게 확보할 것인가는 ESG 분야에서 아주 중요한 과제로 남아있다. 현 시점에서는 투자자나 소비자가 여러 평가기관의 평가 결과를 비교해서 기업의 지속가능성 성과를 종합적으로 파악하는 것이 리스크를 줄이는 길이다. 특히, 투자자는 투자의사 결정을 내릴 때 재무성과와 업계 동향과 같은 다른 요소도 충분히 고려해야 투자 리스크를 줄일 수 있다.

2. ESG 본질을 왜곡하는 워싱

기업에 대한 사회적인 견제와 감시가 늘어나면서 기업의 사회적 책임 수준이 높아지고 있는 것이 사실이다. 하지만, 한편에서는 ESG워싱이 우려되고 있다. ESG워싱은 ESG를 세탁(Washing)한다는 의미를 빗댄 말인데 기업이 실제로는 ESG경영을 하지 않으면서 열심히 하는 것처럼 투자자와 소비자를 속인다는 것이다. 대표적인 사례로 그린(녹색-친환경)을 세탁한다는 의미의 그린워싱(GreenWashing)이 있다. 실제로는 환경적이지 않지만, 환경적인 것처럼 위장하는 것을 의미한다. 자사제품이 환경적이라고 과장하거나 조작해서 이해관계자를 속이고 경제적 이익을 챙기는 데 목적이 있다. 이외에도 ESG워싱은 다양해지고 있다. ESG 가치가 있는 것처럼 가치성과를 부풀리는 임팩트 워싱(impact washing), 노조활동이나 공급망 관리에서의 인권문제 등 사회정의에 반하는 블루워싱(blue washing),[87] 그린워싱에 대한 부작용의 결과로 기업이 그린에 침묵한다는 그린허싱(green hushing) 등이 있다. 이렇게 기업이 ESG성과를 허위·과장하거나 은폐·생략하는 등의 워싱으로 이익을 챙기는 일이 점점 더 늘어나고 있다. 이에 따라, ESG 워싱에 대한 소비자 불만은 각종 소송으로 이어지고 있고 관련법과 제도가 강화되고 있다. 우리나라는 지난해 10월 환경부와 한국환경산업기술원이 "친환경 경영활동 표시·광고 가이드라인"을 발표했다. 탄소중립 주장에 대한 표시·광고, 신·재생에너지 이용확대에 대한 표시·광고, 폐기물발생 저감에 대한 표시·광고 등 총 8개 유형별로 주의해야 할 표현을 담았다. 언론보도에 따르면 미국 연방거래위원회(FTC)는 환경

---

[87] Bluewashing은 2000년 코피 아난 유엔 사무총장이 주도해 설립한 UN 글로벌 콤팩트(Global Compact)가 반사회적인 기업을 회원사로 허용해 이들 기업이 UN의 로고와 비슷한 파란색을 사용하면서 UN의 도덕성으로 포장해 소비자들을 혼란에 빠트린다는 의미에서 비롯되었다.

이익과 재활용, 탄소상쇄 및 인증과 관련한 '녹색기준(Green Guide)'을 강화할 계획이다. EU역시 올해 3월 녹색청구지침 (Green Claims Directive)이 의회를 통과했다. 이 지침에 따르면 기업은 앞으로 제품의 친환경이나 에코, 지속가능성, 100% 재활용과 같은 환경성 주장과 라벨을 사용할 때는 명확한 기준과 최신 과학적 증거를 통해 입증해야 한다.

결과적으로 워싱은 건전한 기업의 이미지마저 실추시키면서 산업 전반에 걸쳐 성장기반을 약화시킨다. 또한 잘못된 행위에 따른 소모적인 논쟁과 불필요한 비용지출 등 사회, 경제적 피해를 증가시킨다. 기업에 대한 ESG 관련 규제가 늘면서 ESG 워싱에 대한 사회적 변별력은 강화될 것이다. 기업의 공시항목이 늘고, 가치사슬 전반에 걸쳐 공급망 실사가 강화되고, 평가기관에 대한 검증도 강화될 전망이다.

Anti-ESG

미국을 중심으로 Anti-ESG[88]가 확산되고 있다. 여기에는 여러 사회·정치적 상황이 있다. 러시아-우크라이나 전쟁으로 인한 에너지 가격 상승과 투자심리 위축, 기업의 ESG 정보왜곡에 따른 그린워싱 소송으로 ESG경영 불신 등 대내외적으로 ESG 투자를 위축시키는 장애요인이 있다. 이러한 상황 속에서 미국은 공화당을 중심으로 펀드 운용사가 Anti-ESG 흐름을 주도하고 있다. 자본시장연구원의 자료에 따르면 지난 2022년 말 기준으로 미 공화당을 중심으로 39개 Anti-ESG 법안이 제안되었고 9개 주정부에서 통과되었다. 이 법안들은 에너지 및 총기 산업 등과 관련한 내용들이다. 지난 2022년 8월 미국의 자산운용

---

88) 자본시장연구원, 자본시장포커스 2023-09월호, 최근 미국 내 Anti-ESG의 확산

사 Strive Asset Management는 반(反) ESG 에너지 펀드(Strive US Energy ETF)를 출시했다. 한편 지난 2021년 바이든 정부는 당선 이후 트럼프 정부가 탈퇴한 파리협약 즉시 재가입, 온실가스 배출규제 강화, 2035년 발전 부문의 탄소중립 달성, 2050년 탄소중립 등의 기후변화 정책을 밝힌 바 있다. 이에 대해 얼마 전 트럼프 측은 재집권하면 파리협약을 또 탈퇴할 것이라고 밝혔다.

제9장
공공기관 ESG경영

1. 공공기관 ESG경영의 현재와 미래

공공기관의 ESG경영에 대한 사회적인 요구가 지속적으로 증가하면서 공공기관들은 ESG경영을 적극적으로 도입하고 경영성과를 높이기 위해 노력하고 있다.

정부는 2018년 공공기관 사회적 가치구현 통합지표의 도입과 2021년 8월 ESG 인프라 확충방안 발표, 그해 12월 K-ESG 가이드라인 수립 등으로 공공기관의 ESG경영을 지속적으로 확산시켜 왔고, 이에 따라 공공기관의 ESG 관련 항목 공시, ESG 평가 배점의 반영, 연기금 ESG 투자 등이 확대되는 등 관련 제도와 이행평가가 점점 더 강화되고 있다. 다만, 새 정부가 들어설 때마다 공공기관에 대한 국정운영 방향이 변화하는 경향이 있어 ESG경영을 일관되게 평가하고 추진하는데 어려움이 있다. 예를 들어 2018년 문재인 정부는 공공성과 사회적 가치를 중시한 반면에 2021년 윤석열 정부는 경제성과 효율성을 중시하면서 경영평가항목과 배점에 대한 일부 조정이 있었다.

공공기관의 ESG경영은 공공기관이 매해 평가받고 있는 경영실적평가의 지표를 통해 확인해 볼 수 있다. 공공기관은 〈공공기관의 운영에 관한 법률〉에 의해 공공기관을 관리하는 기획재정부 또는 주무 부처로부터 매년 기관별로 경영평가를 받고 있는데 이 평가 결과에 따라 임직원들의 성과급이 결정되기 때문에 여기에 사용되는 평가지표는 공공기관의 운영 전반을 확인할 수 있는 중요한 지표이다. 이 지표 중에서 공공기관의 ESG 항목과 관련성이 높은 지표들의 평가 결과를 확인하면 기관별로 ESG경영에 대해 유추해 볼 수 있다. 공공기관은 유형별로 공기업과 준정부기관, 기타 공공기관으로 구분되는데 올해 기준으로 327개 기관이 있다. 공기업은 다시 시장형과 준시장형으로, 준정부기관은 위탁형과 기금관리형으로 구분된다. 공기업과 준정부기관은 기획재정부가, 기타 공공기관은 주무 부처가 평가하게 되는데 공공기관 유형별로 평가항목과 배점 기준이 조금씩 달리 적용된다. 일반적으로 적용되는 항목들 위주로 살펴보면, 공공기관의 ESG 평가항목은 경영평가항목 중에서 환경(E) 요소로는 안전 및 환경, 사회(S) 요소로는 일자리 창출, 균등한 기회와 사회통합, 상생협력 및 지역발전, 조직인사, 노사관계, 지배구조(G) 요소로는 리더십, 윤리경영 등의 항목이 있다. 또한 공공기관 경영정보 공개시스템(All Public Information In-One, ALIO)을 통해서도 확인해 볼 수 있다. 공공기관은 경영정보를 정기, 수시 항목으로 공개하고 있는데 이들 항목 중에서 ESG경영 현황에 대한 공시 항목 E(환경)요소 18번~20번, S(사회)요소 21~27번, G(지배구조)요소 28번~30번을 참고하면 된다.

다만 현재 공공기관의 ESG경영은 평가항목이 민간에 비해 명확하지 않고, 학술적으로도 연구가 부족하다. 이는 객관화된 ESG 평가지표가 없다는 것이다. 따라서 민간 기업처럼 일반화된 기준을 갖고 공공기관의 ESG경영을 평가하는 것은 한계가 있다. 일부 평가기관이나 언론사 그리고 학술적인 연구에서 자체적으로 평가하는 경우는 있지만 사회 일반적으로 보편화된 지표는 아니다. 정부가 2021년 8월 ESG 인프라 확충방안을 발표하고, 그해 12월 K-ESG 가이드라인 수립 등으로 공공기관 역시 ESG경영을 강조하고는 있지만 아직은 공공기관의 ESG 경영을 평가할 만한 지표는 일반화되지 않았다. 다만 공공기관의 경영평가 지표와 공시항목을 통해 ESG 관련 지표를 확인하고 간접적으로 평가할 수는 있다. 물론 공공기관의 ESG경영이 민간 기업과 크게 다를 수는 없다. 다만 경제적인 이익을 우선으로 추구하는 민간 기업과는 달리 공공성과 사회적 가치를 중시한다는 점에서 일정부분 차이는 존재한다. 기업의 경우 ESG경영을 재무적인 성과와 연계해 집약적으로 추진한다면, 즉 재무적인 성과와 관련성이 높은 특정 분야에 대해 투자하는 경향이 있다면 공공기관은 법률에 따라 일반 국민의 서비스 증진을 목적으로 ESG 전 영역에 대해 실천한다는 점이다. 공공기관 역시 특정 분야에 대한 투자로 성과를 낼 수도 있다. 예를 들어 환경(E) 부문의 경우 탄소를 줄이기 위해 자체적으로 태양광 발전을 한다거나 민간 기업의 설비를 지원하는 활동에 보다 집중해 성과를 낼 수도 있다. 다만 그렇다 하더라도 다른 분야의 환경(E) 요소나 사회(S), 지배구조(G) 영역에서도 ESG를 실천한다는 것이다. 공공기관의 ESG경영 수준은 아직 갈 길이 멀다. 공공기관이 자체적으로 또는 외부 지원을 통해 ESG경영 성과를 달성하기 위해서는 공공기관의 ESG경영을 평가할 수 있는 객관화된 지표를 개발하고 일반화시키는 것이 필요하다. 기관 유형별로 기관의 규모와 평가항목 등 여건이 다르다는 점을 고려해 어떤 지표를 ESG 평가지표로 일반화하고 변수로 관리할 것인가에 대한 계획이 필요한 시점이다.

공공기관 유형별 현황[89]

구분	유형	20년	21년	22년	23년	24년
공기업	시장형	16	16	15	13	14
	준시장형	20	20	21	19	18
	합계	36	36	36	32	32
준정부기관	기금관리형	13	13	13	11	12
	위탁집행형	82	83	81	44	43
	합계	95	96	94	55	55
기타공공기관		209	218	220	260	240

구분	(주무기관) 기관명
시장형 공기업 (14)	[산업부] 한국가스공사, 한국남동발전㈜, 한국남부발전㈜, 한국동서발전㈜, 한국서부발전㈜, 한국석유공사, 한국수력원자력㈜, 한국전력공사, 한국중부발전㈜, 한국지역난방공사, ㈜강원랜드 [국토부] 인천국제공항공사, 한국공항공사, 한국도로공사
준시장형 공기업 (18)	[기재부] 한국조폐공사 [문체부] 그랜드코리아레저㈜ [농식품부] 한국마사회 [산업부] ㈜한국가스기술공사, 대한석탄공사, 한국광해광업공단, 한국전력기술㈜, 한전KDN㈜, 한전KPS㈜ [환경부] 한국수자원공사 [국토부] 제주국제자유도시개발센터, 주택도시보증공사, 한국부동산원, 한국철도공사, 한국토지주택공사, 주식회사 에스알 [해수부] 해양환경공단 [방통위] 한국방송광고진흥공사

---

89) 공공기관 경영정보시스템 '알리오' 자료

구분	(주무기관) 기관명
기금관리형 준정부기관 (12)	[문체부] 국민체육진흥공단
	[산업부] 한국무역보험공사
	[복지부] 국민연금공단
	[고용부] 근로복지공단
	[중기부] 기술보증기금, 소상공인시장진흥공단, 중소벤처기업진흥공단
	[금융위] 신용보증기금, 예금보험공사, 한국자산관리공사, 한국주택금융공사
	[인사처] 공무원연금공단
위탁집행형 준정부기관 (43)	[기재부] 한국장학재단
	[과기부] (재)우체국금융개발원, 우체국물류지원단, 한국방송통신전파진흥원, 한국연구재단, 한국인터넷진흥원, 한국지능정보사회진흥원
	[외교부] 한국국제협력단
	[행안부] 한국승강기안전공단
	[보훈부] 한국보훈복지의료공단
	[문체부] 한국관광공사
	[농식품부] 축산물품질평가원, 한국농수산식품유통공사, 한국농어촌공사
	[산업부] 대한무역투자진흥공사, 한국가스안전공사, 한국산업기술진흥원, 한국산업기술기획평가원, 한국산업단지공단, 한국석유관리원, 한국에너지공단, 한국원자력환경공단, 한국전기안전공사, 한국전력거래소
	[복지부] 건강보험심사평가원, 국민건강보험공단, 한국사회보장정보원
	[환경부] 국립공원공단, 국립생태원, 한국환경공단, 한국환경산업기술원
	[고용부] 한국고용정보원, 한국산업안전보건공단, 한국산업인력공단, 한국장애인고용공단
	[국토부] 국가철도공단, 국토안전관리원, 한국교통안전공단, 한국국토정보공사
	[해수부] 한국해양교통안전공단
	[공정위] 한국소비자원
	[경찰청] 도로교통공단
	[산림청] 한국산림복지진흥원

구분	(주무기관) 기관명
기타 공공기관 (240)	[국조실] 경제·인문사회연구회, 과학기술정책연구원, 건축공간연구원, 국토연구원, 대외경제정책연구원, 산업연구원, 에너지경제연구원, 정보통신정책연구원, 통일연구원, 한국개발연구원, 한국교육개발원, 한국교육과정평가원, 한국교통연구원, 한국노동연구원, 한국농촌경제연구원, 한국법제연구원, 한국보건사회연구원, 한국여성정책연구원, 한국조세재정연구원, 한국직업능력연구원, 한국청소년정책연구원, 한국해양수산개발원, 한국행정연구원, 한국형사·법무정책연구원, 한국환경연구원 [기재부] 한국수출입은행, 한국재정정보원, 한국투자공사 [교육부] 강릉원주대학교치과병원, 강원대학교병원, 경북대학교병원, 경북대학교치과병원, 경상국립대학교병원, 국가평생교육진흥원, 동북아역사재단, 부산대학교병원, 부산대학교치과병원, 사립학교교직원연금공단, 서울대학교병원, 서울대학교치과병원, 전남대학교병원, 전북대학교병원, 제주대학교병원, 충남대학교병원, 충북대학교병원, 한국고전번역원, 한국교육학술정보원, 한국사학진흥재단, 한국학중앙연구원 [과기부] (재)우체국시설관리단, (재)한국우편사업진흥원, 과학기술사업화진흥원, 국립광주과학관, 국립대구과학관, 국립부산과학관, 기초과학연구원, 연구개발특구진흥재단, 정보통신산업진흥원, 한국과학기술기획평가원, 한국과학창의재단, 한국나노기술원, 한국데이터산업진흥원, 한국여성과학기술인육성재단, 한국원자력의학원 [외교부] 한국국제교류재단 [통일부] (사)남북교류협력지원협회, 북한이탈주민지원재단 [법무부] 대한법률구조공단, 정부법무공단, 한국법무보호복지공단 [국방부] 국방전직교육원, 전쟁기념사업회, 한국국방연구원 [행안부] (재)일제강제동원피해자지원재단, 민주화운동기념사업회 [보훈부] 88관광개발㈜, 독립기념관 [농식품부] 가축위생방역지원본부, 국제식물검역인증원, 농림수산식품교육문화정보원, 농림식품기술기획평가원, 농업정책보험금융원, 한식진흥원, 축산환경관리원, 한국식품산업클러스터진흥원

구분	(주무기관) 기관명
기타 공공기관 (240)	[문체부] (재)예술경영지원센터, 게임물관리위원회, 국립박물관문화재단, 국제방송교류재단, 대한장애인체육회, 대한체육회, 세종학당재단, 영상물등급위원회, 영화진흥위원회, 예술의전당, 재단법인 국악방송, 태권도진흥재단, 한국공예디자인문화진흥원, 한국도박문제예방치유원, 한국문학번역원, 한국문화관광연구원, 한국문화예술교육진흥원, 한국문화예술위원회, 한국문화정보원, 한국문화진흥㈜, 한국언론진흥재단, 한국영상자료원, 한국예술인복지재단, 한국저작권보호원, 한국저작권위원회, 한국체육산업개발㈜, 한국출판문화산업진흥원, 한국콘텐츠진흥원 [산업부] 재단법인 한국에너지재단, 전략물자관리원, 한국디자인진흥원, 한국로봇산업진흥원, 한국산업기술시험원, 한국세라믹기술원, 한국에너지기술평가원, 한국에너지정보문화재단, 한국전력국제원자력대학원대학교, 한국제품안전관리원, 한국탄소산업진흥원, 한전MCS, 한전원자력연료주식회사 [복지부] (재)한국보건의료정보원, 국가생명윤리정책원, 국립암센터, 국립중앙의료원, 대구경북첨단의료산업진흥재단, 대한적십자사, 아동권리보장원, 오송첨단의료산업진흥재단, 의료기관평가인증원, 재단법인 한국공공조직은행, 재단법인 한국자활복지개발원, 재단법인 한국장기조직기증원, 한국건강증진개발원, 한국국제보건의료재단, 한국노인인력개발원, 한국보건복지인재원, 한국보건산업진흥원, 한국보건의료연구원, 한국보건의료인국가시험원, 한국보육진흥원, 한국사회복지협의회, 한국의료분쟁조정중재원, 한국장애인개발원, 한국한의약진흥원 [환경부] 국립낙동강생물자원관, 국립호남권생물자원관, 수도권매립지관리공사, 한국상하수도협회, 한국수자원조사기술원, 한국환경보전원 [여가부] 한국건강가정진흥원, 한국양성평등교육진흥원, 한국여성인권진흥원, 한국청소년상담복지개발원, 한국청소년활동진흥원 [국토부] 건설기술교육원, 공간정보품질관리원, 국립항공박물관, 국토교통과학기술진흥원, 새만금개발공사, 재단법인 대한건설기계안전관리원, 주택관리공단㈜, 코레일관광개발㈜, 코레일네트웍스㈜, 코레일로지스㈜, 코레일유통㈜, 코레일테크㈜, 한국도로공사서비스㈜, 항공안전기술원, 한국해외인프라도시개발지원공사

구분	(주무기관) 기관명
기타 공공기관 (240)	[해수부] 국립해양과학관, 국립해양박물관, 국립해양생물자원관, 부산항만공사, 여수광양항만공사, 울산항만공사, 인천항만공사, 한국수산자원공단, 한국어촌어항공단, 한국항로표지기술원, 한국해양과학기술원, 한국해양수산연수원, 한국해양조사협회, 한국해양진흥공사, 해양수산과학기술진흥원 [중기부] ㈜공영홈쇼핑, 신용보증재단중앙회, 재단법인 장애인기업종합지원센터, 중소기업기술정보진흥원, 중소기업유통센터, 중소벤처기업연구원, 창업진흥원, 한국벤처투자 [공정위] 한국공정거래조정원 [금융위] 서민금융진흥원, 중소기업은행, 한국산업은행 [방통위] 시청자미디어재단 [원안위] 한국원자력안전기술원, 한국원자력안전재단, 한국원자력통제기술원 [식약처] 식품안전정보원, 한국마약퇴치운동본부, 한국식품안전관리인증원, 한국의료기기안전정보원, 한국의약품안전관리원 [관세청] 한국원산지정보원 [재외동포청] 재외동포협력센터 [방사청] 국방과학연구소, 국방기술품질원 [소방청] 한국소방산업기술원 [문화재청] 한국문화재재단 [농진청] 한국농업기술진흥원 [산림청] 한국등산·트레킹지원센터, 한국수목원정원관리원, 한국임업진흥원, 한국치산기술협회 [통계청] (재)한국통계정보원 [특허청] 한국발명진흥회, 한국지식재산보호원, 한국지식재산연구원, 한국특허기술진흥원, 한국특허전략개발원, 한국특허정보원 [기상청] (재)차세대수치예보모델개발사업단, (재)APEC기후센터, 한국기상산업기술원

공공기관 경영실적평가 지표와 ESG 관련항목

구분	경영평가 지표		ESG 관련항목
	2021년	2024년	
경영관리	1. 경영전략 및 리더십 - 전략기획 - 경영개선 - 리더십	1. 지배구조 및 리더십 - 리더십 및 전략기획 - 윤리경영 - 국민소통	지배구조(G) - 리더십 - 윤리경영 - 국민소통
	2. 사회적 가치구현 - 일자리 창출 - 균등한 기회와 사회통합 - 안전 및 환경 - 상생·협력 및 지역발전 - 윤리경영	2. 안전 및 책임경영 - 일자리 및 균등한 기회 - 안전 및 재난관리 - 친환경·탄소중립 - 창업 및 경제활성화 - 상생·협력 및 지역발전	환경(E) - 안전 및 환경 - 친환경·탄소중립 사회(S) - 일자리 창출 - 안전 및 재난관리 - 균등한 기회와 사회통합 - 상생·협력 및 지역발전 - 창업 및 경제활성화
	3. 업무 효율	–	

	4. 조직·인사·재무관리
	- 조직·인사 일반
	  (삶의 질 제고)
	- 재무예산 운영·성과
	  (중장기 재무관리 계획)
	- 기금운영관리 및 성과
		3. 재무성과관리
		- 재무예산관리
		  (중장기재무관리계획)*
		  (재정건전화계획)*
		- 재무예산성과
		  (재정건전화계획)**
		  (기금운용성과)
		  (일반관리비 관리)
		- 효율성 관리	

	5. 보수 및 복리후생 관리 - 보수 및 복리후생 - 총인건비 관리 - 노사관계	4. 조직 운영 및 관리 - 조직 및 인적자원관리 - 노사관계 - 보수 및 복리후생 - 총인건비관리	사회(S) - 노사관계
	6. 혁신과 소통 - 혁신 노력 및 성과 - 국민 소통	–	지배구조(G) - 국민소통
가 점		- 혁신 노력과 성과	

공공기관 경영공시 항목에 명시된 ESG 항목

항목번호	대분류	중분류	공시항목	세부항목
17	ESG 운영	ESG현황	ESG경영현황	-
18-1	ESG 운영	E (환경)	대기환경	온실가스 감축실적
18-2	ESG 운영	E (환경)	대기환경	저공해 자동차 현황
19-1	ESG 운영	E (환경)	자원환경	에너지 사용량
19-2	ESG 운영	E (환경)	자원환경	폐기물 발생량
19-3	ESG 운영	E (환경)	자원환경	용수 사용량
20-1	ESG 운영	E (환경)	환경보호	녹색제품 구매실적
20-2	ESG 운영	E (환경)	환경보호	환경법규 위반현황
21-1	ESG 운영	S (사회)	안전관리 및 정보보호	산업재해 사고사망자수 안전사고 사망자수 안전경영책임보고서
21-2	ESG 운영	S (사회)	안전관리 및 정보보호	공공기관 안전관리등급
21-3	ESG 운영	S (사회)	안전관리 및 정보보호	개인정보보호
22	ESG 운영	S (사회)	사회공헌활동	-
23	ESG 운영	S (사회)	인권경영	-
24	ESG 운영	S (사회)	일·가정 양립 지원제도	-
25	ESG 운영	S (사회)	동반성장 평가결과	-
26	ESG 운영	S (사회)	장애인 고용현황	-
27-1	ESG 운영	S (사회)	구매실적	혁신조달 구매실적
27-2	ESG 운영	S (사회)	구매실적	중증장애인 생산품 구매실적
27-3	ESG 운영	S (사회)	구매실적	중소기업 생산품 구매실적
28-1	ESG 운영	G (지배구조)	이사회	이사회 회의록
28-2	ESG 운영	G (지배구조)	이사회	개별 비상임이사 활동내용
28-3	ESG 운영	G (지배구조)	이사회	ESG 운영위원회
29	ESG 운영	G (지배구조)	자체 감사부서 현황	-
30	ESG 운영	G (지배구조)	청렴도 평가결과	-

※ 알리오 경영공시항목

2. 공공기관 사회적 책임에 대한 평가

공공기관의 사회적 책임은 ESG경영을 실천하는 것이다

공공기관은 정부의 투자·출자 또는 재정지원으로 설립·운영되는 기관이다. 2007년 1월 19일 제정(시행일: 2007.4.1)된 공공기관의 운영에 관한 법률[90]에 지정된 일정 요건을 갖추어야 하고, 이를 전제로 기획재정부 장관이 매년 지정한 기관을 의미한다. 2024년 기준으로 327개가 있는데 유형에 따라 공기업(32개), 준정부기관(55개), 기타 공공기관(240개)으로 구분된다. 공기업은 다시 시장형(14개)과 준시장형(18개)으로, 준정부기관은 기금관리형(12개)와 위탁집행형(43개)으로 나뉜다. 공공기관은 유형에 따라 수익성을 추구하기도 하지만 그렇다 하더라도 법률이 정하는 바에 따라 대국민 서비스 증진이 목적이기 때문에 공공성과 사회적 가치를 중시한다. 결국 공공기관의 ESG경영은 공공성과 사회적 가치 실현을 주요 목적으로 한다. 그동안 이를 위해 공공기관의 사회적 책임이 강조되었다면 그 책임이 이제는 ESG경영으로 구체화 되었다고 볼 수 있다.

공공기관의 경영실적평가

공공기관의 사회적인 책임, 다시 말해 ESG경영은 어떻게 평가할까? 일반적으로 공공기관은 공공기관의 운영에 관한 법률에 따라 관리되고 있다. 이에 따라 공공기관의 경영 노력과 성과를 평가하는 공공기관 경영실적평가 제도가 운영되고 있다. 기획재정부는 평가단을 구성해 매

---

90) 이 법은 공공기관의 운영에 관한 기본적인 사항과 자율경영 및 책임경영체제의 확립에 관하여 필요한 사항을 정하여 경영을 합리화하고 운영의 투명성을 제고함으로써 공공기관의 대국민 서비스 증진에 기여함을 목적으로 하고 있다.

해 약 4개월간 기관을 평가하고 그 결과를 시민들에게 공개해야 한다. 평가단은 기관별로 제출된 자료와 현장 방문, 임직원 인터뷰, 언론보도 내용 등을 종합해 평가하는데, 그 결과에 따라 기획재정부 장관은 기관에 대한 인사상 또는 예산상의 조치, 성과급 결정 등의 후속 조치를 한다.

평가지표는 경영관리와 주요사업 2개 범주로 구성되어 있는데 경영관리 범주는 1. 경영전략 및 리더십 2. 사회적 가치구현 3. 업무효율 4. 조직·인사·재무관리 5. 보수 및 복리후생비 6. 혁신과 소통 지표로 구성되어 있고, 주요 사업범주는 주요 사업계획·활동·성과를 종합 평가하는 지표로 구성되어 있다. 공공기관은 유형별로 공기업, 위탁집행형 준정부기관, 기금관리형 준정부기관에 따라 경영관리와 주요 사업 범주의 배점이 각각 55:45, 45:55, 50:50으로 구성되어 있고, 공기업은 경영관리 범주의 업무효율 지표가, 기금관리형 준정부기관은 기금운영관리 및 성과지표가 별도로 구성되어 있다. 평가등급은 탁월(S)에서 아주 미흡(E)까지 6단계로 나눠져 있다. 2023년 평가 결과에 따르면, 공기업(32개)은 우수(A)등급이 6개, 양호(B) 10개, 보통(C) 11개, 미흡(D) 4개, 아주 미흡(E) 1개 기관이다. 준정부기관(55개)은 우수(A)등급이 9개, 양호(B) 20개, 보통(C) 18개, 미흡(D) 7개, 아주 미흡(E) 1개 기관이다. 아주 미흡(E) 또는 2년 연속 미흡(D)인 기관은 기관장 해임, 미흡(D) 또는 중대재해 발생 기관은 기관장 경고 등의 인사상 조치를 하고 미흡 이하(D/E) 기관은 경상경비 삭감 등 예산상 조치와 경영개선계획을 제출해야 한다. 중대재해가 발생한 기관 역시 안전 관련 개선계획을 제출해야 한다. 성과급은 종합등급이 보통(C) 이상인 기관의 경우 유형별·등급별로 차등 지급하고 당기순손실 발생 공기업은 임원에 대한 성과급 삭감 등 추가 조치가 이루어진다.

2021년도 공공기관 평가지표 및 가중치 기준

구분	평가지표	계 ①	계 ②	계 ③	계량 ①	계량 ②	계량 ③	비계량 ①	비계량 ②	비계량 ③
경영관리범주	1. 경영전략 및 리더십	6	6	6				6	6	6
	– 전략기획							2	2	2
	– 경영개선							2	2	2
	– 리더십							2	2	2
	2. 사회적 가치구현	25	23	23	6	6	6	19	17	17
	– 일자리 창출	6	5	5	2	2	2	4	3	3
	– 균등한 기회와 사회통합	4	3	3	1	1	1	3	2	2
	– 안전 및 환경	5	5	5				5	5	5
	– 상생·협력 및 지역발전	5	5	5	3	3	3	2	2	2
	– 윤리경영	5	5	5				5	5	5
	3. 업무 효율	5			5					
	4. 조직·인사·재무관리	7	4	9	3	1	6	4	3	3
	– 조직·인사 일반 (삶의 질 제고)	2	2	2				2	2	2
	– 재무예산 운영·성과 (중장기 재무관리 계획)	5	2	2	3(1)	1	1	2	1	1
	– 기금운영관리 및 성과			5			5			
	5. 보수 및 복리후생 관리	8.5	8.5	8.5	3	3	3	5.5	5.5	5.5
	– 보수 및 복리후생	3.5	3.5	3.5				3.5	3.5	3.5
	– 총인건비 관리	3	3	3	3	3	3			
	– 노사관계	2	2	2				2	2	2
	6. 혁신과 소통	3.5	3.5	3.5	1.5	1.5	1.5	2	2	2
	– 혁신 노력 및 성과	2	2	2				2	2	2
	– 국민 소통	1.5	1.5	1.5	1.5	1.5	1.5			
	소 계	55	45	50	18.5	11.5	16.5	36.5	33.5	33.5
주요사업범주	사업계획·활동·성과를 종합평가	45	55	50	24	31	26	21	24	24
	소 계	45	55	50	24	31	26	21	24	24
	합 계	100	100	100	42.5	42.5	42.5	57.5	57.5	57.5

※ ① 공기업 ② 준정부기관(위탁집행형) ③ 준정부기관(기금관리형)

참고로, 2024년은 경영관리 범주는 1. 지배구조 및 리더십 2. 안전 및 책임경영 3. 재무성과 관리 4. 조직운영 및 관리로 구성되어 있고, 주요사업범주는 주요 사업계획·활동·성과를 종합 평가하는 지표로 구성되어 있다. 또한 공공기관 혁신노력과 성과에 대한 가점지표를 추가했다. 공기업(32개)의 경우는 SOC(8개), 에너지(12개), 산업진흥·서비스(12개) 유형별로 경영관리 범주에서 2. 안전 및 책임경영이 14점(계량 5.5점/ 비계량 8.5점)으로 배점은 동일하지만 비계량에서 세부항목별로 차이가 난다. 안전 및 책임경영은 ① 일자리 및 균등한 기회 ② 안전 및 재난관리 ③ 친환경·탄소중립 ④ 창업 및 경제활성화 ⑤ 상생·협력 및 지역발전 등 5개 세부항목으로 구성되어 있는데, 이들 배점이 SOC, 에너지, 산업진흥·서비스 유형별로 ① 일자리 및 균등한 기회(3:3:3) ② 안전 및 재난관리(1.5:1:1) ③ 친환경·탄소중립(1:1.5:1) ④ 창업 및 경제활성화(1.5:1.5:1.5) ⑤ 상생·협력 및 지역발전(1.5:1.5:2)으로 분포되어 있다.

유형		기관명
공기업 (32개)	SOC (8개)	인천국제공항공사, 한국공항공사, 한국도로공사, 한국수자원공사, 한국철도공사, 한국토지주택공사, 제주국제자유도시개발센터, 주식회사 에스알
	에너지 (12개)	한국가스공사, 한국석유공사, 한국전력공사, 한국지역난방공사, 대한석탄공사, 한국광해광업공단, 한국남동발전(주), 한국남부발전(주), 한국동서발전(주), 한국서부발전(주), 한국수력원자력(주), 한국중부발전(주)
	산업진흥·서비스 (12개)	강원랜드(주), 그랜드코리아레저(주), 주택도시보증공사, ㈜한국가스기술공사, 한국마사회, 한국방송광고진흥공사, 한국부동산원, 한국전력기술(주), 한국조폐공사, 한전KDN(주), 한전KPS(주), 해양환경공단

※ 공공기관의 2024년도 경영실적은 법률 제4조 내지 제6조의 공공기관 유형구분 기준 및 산업별, 기능별, 규모별 유형구분 기준에 따라 평가유형을 구분하여 평가한다.

2024년도 공공기관 평가지표 및 가중치 기준

구분	평가지표	계 ①	계 ②	계 ③	계량 ①	계량 ②	계량 ③	비계량 ①	비계량 ②	비계량 ③
경영관리	1. 지배구조 및 리더십	9	9	9	2	2	2	7	7	7
	– 리더십 및 전략기획	5	5	5	–	–	–	5	5	5
	– 윤리경영	2.5	2.5	2.5	1	1	1	1.5	1.5	1.5
	– 국민소통	1.5	1.5	1.5	1	1	1	0.5	0.5	0.5
	2. 안전 및 책임경영	14	11	11	5.5	5.5	5.5	8.5	5.5	5.5
	– 일자리 및 균등한 기회	5	3	3	2	2	2	3	1	1
	– 안전 및 재난관리	2.5	2	2	1	1	1	1.5	1	1
	– 친환경·탄소중립	1.5	1.5	1.5	0.5	0.5	1.5	1	1	1
	– 창업 및 경제활성화	1.5	1.5	1.5	–	–	–	1.5	1.5	1.5
	– 상생·협력 및 지역발전	3.5	3	3	2	2	2	1.5	1	1
	3. 재무 성과 관리	21	14	19	17	11	15	4	3	4
	– 재무예산관리	4	3	4	–	–	–	4	3	4
	(중장기재무관리계획)*	(1)	(1)	(1)				(1)	(1)	(1)
	(재정건전화계획)*	(1)						(1)		
	– 재무예산성과	11	7	11	11	7	11	–	–	–
	(재정건전화계획)**	(3)			(3)					
	(기금운용성과)			(6)			(6)			
	(일반관리비 관리)	(3)	(3)	(3)	(3)	(3)	(3)			
	– 효율성 관리	6	4	4	6	4	4	–	–	–
	4. 조직 운영 및 관리	11	11	11	3	3	3	8	8	8
	– 조직 및 인적자원관리	2.5	2.5	2.5	–	–	–	2.5	2.5	2.5
	– 노사관계	2	2	2	–	–	–	2	2	2
	– 보수 및 복리후생	3.5	3.5	3.5	–	–	–	3.5	3.5	3.5
	– 총인건비관리	3	3	3	3	3	3	–	–	–
	소 계	55	45	50	27.5	21.5	25.5	27.5	23.5	24.5
주요사업	사업계획·활동·성과를 종합평가	45	55	50	24	31	26	21	24	24
	소 계	45	55	50	24	31	26	21	24	24
	합 계	100	100	100	51.5	52.5	51.5	48.5	47.5	48.5
가점	공공기관 혁신노력과 성과	5	5	5	–	–	–	5	5	5

※ ① 공기업(SOC) ② 준정부기관(위탁집행형) ③ 준정부기관(기금관리형)
*공운법 제39조의 2에 따른 중장기재무관리계획 제출대상에만 적용
**재무위험기관에만 적용

국민권익위원회 청렴도 평가

반부패 업무를 총괄하는 국민권익위원회는 부패방지권익위법에 따라 공공기관의 부배방지시책에 대해 평가하고 있다. 2002년부터 매해 기관별로 청렴 수준과 부패취약 분야를 진단하고, 그 결과를 시민들에게 공개한다.

그동안 부패사건 발생 현황을 반영한 내·외부 청렴도와 이를 합산한 종합청렴도로 평가하다가 2022년부터 청렴체감도(60%)와 청렴노력도(40%), 이를 합산한 종합청렴도로 평가체계가 개편되었다. 청렴체감도는 행정서비스의 고객인 국민을 대상으로 하는 외부체감도와 소속 직원을 대상으로 하는 내부체감도로 구분해 부패인식과 부패경험에 대해 설문지 형태로 평가하고 부패사건이 발생한 경우 감점 처리한다. 청렴노력도는 기관이 제출한 반부패, 청렴업무 추진실적을 평가단이 추진체계, 추진실적, 시책효과성 등을 고려해 평가한다. 평가결과는 1등급에서 5등급으로 구분해 발표한다. 이 결과는 기획재정부가 평가하는 기관별 경영평가와 상임감사 평가에 계량화된 점수로 반영되고, 기관에 대한 대국민 이미지와 관련되기 때문에 중요하다.

2023년 498개 행정기관과 공직유관단체 등 공공기관을 대상으로 한 평가결과 중에서 공기업(32개)과 준정부기관(55개)의 경우 공기업은 종합청렴도는 2등급이 10개, 3등급 13개, 4등급 9개 기관이고 청렴체감도는 1등급이 1개, 2등급 9개, 3등급 13개, 4등급 6개, 5등급 3개 기관, 청렴노력도는 1등급이 1개, 2등급 9개, 3등급 14개, 4등급 5개, 5등급 3개 기관이다. 준정부기관은 종합청렴도는 1등급이 1개, 2등급 18개, 3등급 18개, 4등급 18개 기관, 청렴체감도는 1등급이 3개, 2등급 16개, 3등급 17개, 4등급 15개, 5등급 4개 기관, 청렴노력도는 1등급이 3개, 2등급 14개, 3등급 21개, 4등급 13개, 5등급 4개 기관이다.

2023년도 공직유관단체 청렴도 평가 개요[91]

구 분	평가내용		
청렴체감도 (100점)	외부업무 (70.4%)	불공정 직무수행	부정청탁, 특혜제공, 업무투명, 절차위반
		공직자 권한남용	갑질행위, 사익추구, 소극행정
		부패경험(감점)	금품, 향응, 편의 등 경험률, 경험빈도
	조직내부운영 (29.6%)	불공정 직무수행	부정청탁, 특혜제공, 부당지시, 인사위반
		공직자 권한남용	갑질행위, 사익추구, 예산부당집행
		부패경험(감점)	금품, 향응, 편의 등 경험률, 경험빈도
청렴노력도 (100점)	청렴정책 추진계획(21%)		반부패추진계획 및 협의체 운영
	청렴정책 추진실적(69%)		시책추진 및 제도운영+감점/가점지표
	시책 효과성 평가(10%)		반부패시책에 대한 내부 구성원 인식설문

외부 평가로는 1995년부터 매해 국가별 공공·정치 부문에 존재하는 부패수준을 평가하는 국제투명성기구(Transparency Internation, TI)의 국가청렴도(Corruption Perceptions Index, CPI)가 있다. 국가별 부패인식지수라고도 한다. 이 결과에 따르면 우리나라는 전 세계 조사대상 180개국 기준으로 2017년 51위(54점), 2018년 45위(57점), 2019년 39위(59점), 2020년 33위(61점), 2021년 32위(62점), 2022년 31위(63점)를 차지했다.[92]

---

91) 국민권익위원회 2023년도 행정기관/공직유관단체 종합청렴도 평가 결과(2023.12)
92) 국민권익위원회 2022년도 대한민국 국가청렴도(CPI) 보도자료

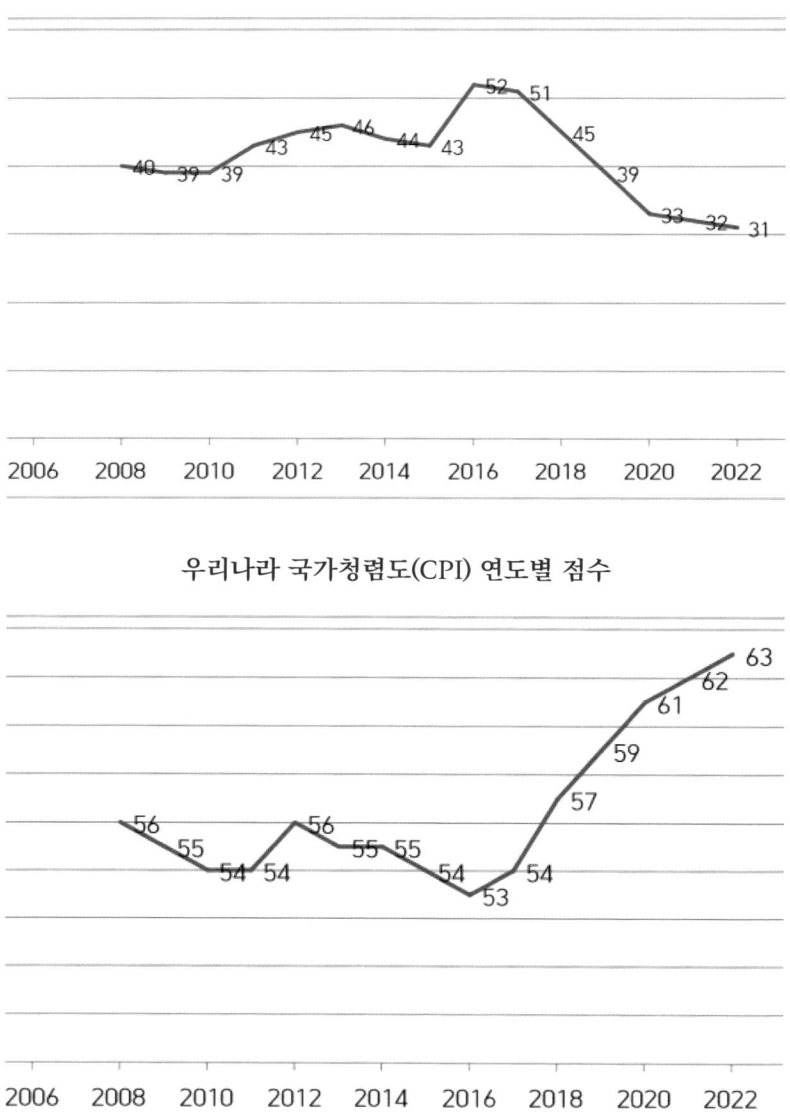

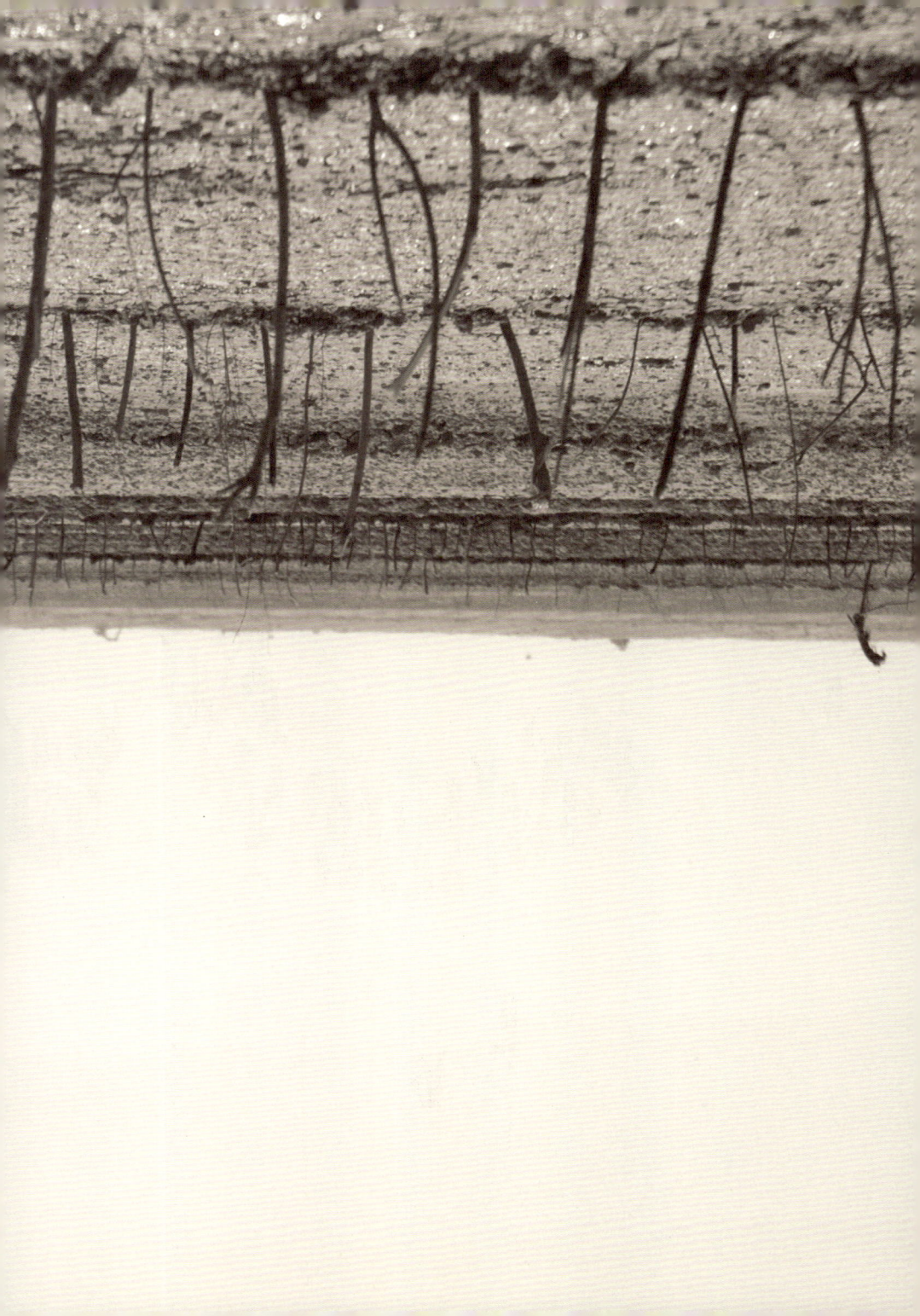

참고문헌

- 온실가스 종합정보 편람(2021년~2024년)
- 온실가스 배출 동향에 관한 분석 보고
- 국민의힘의힘힘 2022년도 대통령선거 공약집정책 공약자료
- 국민의힘정책위원회 2023년도 정기국회/국정감사대비 주요정책 참고자료(2023.12)
- 조셉연정준형사, '미 IRA 시행 후 1년 만 실적, 설치 용량 경제적: 친기자동차, 배터리 중심으로', 박수진, 2021.3.19. 제215호.
- 금융위원회, 글로벌 ESG공시시제 정합 ISSB 공시기준 공개초안 공개/개재 2023.12.26.
- 김봉수 결합, '폭스바겐 배출가스 조작... 시장의 종말', chosun.com
- 대통령직속 2050 탄소중립녹색성장위원회
- 매일경제, '폭스바겐 이동가 자자가 37% ↑', 이재훈 기자, 2015.09.23. 수정 2015.09.30.
- 한국일보, [단독] 폭스 바겐 자동차기 질소산화물에 24만5000마리의 새마담 배출금 이규문 기자/2016.07.11.
- 산업자원통상부 탄소중립산업계 Scope 3 측정 가이드북, 2023.11.30.
- 산업통상자원부 탄소중립계획
- 산업통상자원부 고조자원부, 제10차 전력수급기본계획(2022~2036)의정, 2023.01.12.
- 에너지 및 재생에너지 개발 이용 보급 촉진법
- 한국총 보고자료, 2020년 온실가스 배출량 전년 대비 6.4%감소, 2022.10.25.
- 환경부 파리협정 길라잡이(2016.5)
- 환경부, 탄소흡수원의 파리협정 흡수제거(2022.3)
- 환경부, 한국판 글로벌녹색기본 흡수, 친환경 경영평가 표시·광고 가이드라인
- 환경부사정 신재생에너지 공급증제 출전제시
- 2030 국가 온실가스 감축목표(NDC) 상세안, 2021.10.18.
- K-ESG 가이드라인 v1.0(관계부처 합동)
- Archie B Carroll(1979.1),
  A Three-Dimensional Conceptual Model of Corporate Performance
- CDP Capital Markets Request(2024 Sample Methodology):
  What criteria is used to select companies?
- EMBER Global Electricity Review 2023 Report

- EU Biodiversity Strategy for 2030, What is the new 2030 Biodiversity Strategy?
- Global Energy Statistical Yearbook 2021, Enerdata(2021)
- Howard R. Bowen(1953), Social Responsibilities of the Businessman
- IEA Renewable Energy Market Update(Outlook for 2023 and 2024)
- John Elkington(1998), Cannibals with Forks: the Triple Bottom Line of 21st Century Business
- Jon Pierre & B. Guy Peters(2000.9.), 《Governance, Politics, and the State》
- KSSB published the Exposure Draft of the Sustainability Disclosure Standards, 2024.5.2.
- OECD Global Plastics Outlook 2022
- Our Common Future, United Nations 1987 Report》
- RE100 annual disclosure report 2023(RE100 CLIMATE GROUP, CDP)
- Recommendations of the Task Force on Climate-related Financial Disclosures, June 2017
- The green swan- Central banking and financial stability in the age of climate change
- The limits of growth
- United Nations Framework Convention on Climate Change. New York, 9 May 1992
- World Economic Forum: Fostering Effective Energy Transition 2023 Edition
- Who cares wins: Connecting Financial Markets to a Changing World Report(2004.6.24.)
- Who cares wins: Investing for Long-Term Value Report(2005.9.30)
- World Economic Forum Global Risks Report

참고페이지

- 온실가스 종합정보시스템, '용어집',
- 국가기록원, https://www.archives.go.kr
- 국민권익위원회
- 모질
- 감기위100, https://www.gg.go.kr/ggre100
- 기후재난부
- 기후변화행동연구소
- 나무위키, https://namu.wiki
- 온라인 검색사이트
- 위키백과, Wikipedia, http://ko.wikipedia.org
- 지속가능발전위원회
- 환경부, 산업통상자원부, 외교부
- 한국에너지공단
- 한국ESG기준원
- 한국환경공단
- 회계기준원(www.kasb.or.kr)
- Bank for International Settlements
- Blackrock
- Carbon Disclosure Project
- Drive Sustainability
- Ember Climate
- European Union
- European Commission
- European Council of the European Union
- EQUATOR PRINCIPLES
- Financial Staility Board
- Glasgow Financial Alliance for Net Zero
- Global Carbon Project
- Global Reporting Initiative

- Korea Stewardship Cope
- MSCI(How to Tell if a Company Has High ESG Scores)
- NaturALL Bottle Alliance
- Network for Greening the Financial
- Network of Central Banks and Supervisors for Greening Financial System
- Irea50(International Energy Agency Renewables Information 2023)
- IASB(International Accounting Standards Board)
- IFRS(International Sustainability Standards Board)
- IPCC(Intergovernmental Panel on Climate Change)
- IFC(International Finance Corporation)
- ISO(International Organization for Standardization)
- Partnership for Carbon Accounting Financials
- Responsible Business Alliance
- **SASB STANDARDS**
- Science-Based Targets(100% Renewables)
- Science-based Target Initiative
- Sustainability Accounting Standards Board
- Task Force on Climate-related Financial Disclosure
- The White house
- UK Stewardship Code
- UN Global Compact
- UN PRI
- UNEP FI
- Urgenda
- VRF(Value Reporting Foundation)
- Welcome to the United Nation, Sustainable Development
- World Bank
- Workforce Disclosure Initiative
- World Meteorological Organization
- World Resources Institute

기홍상의 ESG
ESG 평가 아웃제 툴 찾인기

1판 1쇄 인쇄 2024년 08월 20일
1판 1쇄 발행 2024년 08월 27일

지 은 이 이세정
발 행 인 이용석
편 집 인 정승P&P
편 집 리딩라이프북스 편집팀
디자인 리딩라이프북스 디자인팀

리딩라이프북스

출판신고 : 2011년 09월 06일 (제2022-000077호)
주소 : 서울시 강서구 양천로47가길 7, 지층
전화 : 02.511.0178
팩스 : 070.4758.9842
leadinglife@naver.com

ISBN 978-89-97559-13-8

가격 : 20,000원

*잘못된 책은 사점에서 바꿔드립니다.